Claus Beckenbach
Dr. Arnold Zilly

GENESIS ALPHA

oder das

GOTTES-PHÄNOMEN

Die Existenz Gottes ist unbezweifelbar

Aber: Ist der Gott der Kirchen vielleicht eine Eigenschöpfung?

Verlag Waldkirch

Inhalt

Es gibt dieses Buch und es gibt die Geschichten, die nach bestem Wissen sorgfältig recherchiert wurden.

Die Orte der Gespräche und Diskussionen sind Zermatt, Carrara, Ascona, Marinella di Sarzana, Genua, Santa Maria Maggiore und natürlich Heidelberg.

Das Buch ist sicher schwierig, dafür aber sehr spannend. Die Inhalte sind wissenswürdig; viele Informationen sind auf relativ wenige Seiten komprimiert. Moderne Forschung und hochkarätige Wissenschaft stehen oft gegen uralte Überlieferungen, die unzählige Male verändert und oft zum Eigenzweck kanonisiert worden sind.

Liebe Leserinnen und Leser, noch ein kurzer Hinweis: Lassen Sie sich bitte nicht abschrecken von einigen lateinischen Ausdrücken oder Formeln, die manchmal unumgänglich sind – Sie werden trotzdem sehr schnell im Thema sein. Es wird spannend!

Prolog

Lesen Sie am Ende dieses Prologs das Gespräch mit dem Evolutionsbiologen Professor Dr. Peter Leins, Universität Heidelberg.

Im Anhang dieses Buches finden Sie einen Hinweis auf die vieldiskutierte Reinkarnationstherapie sowie ein kleines Lexikon zur Phytotherapie (Pflanzenheilkunde). Es kann Ihnen ganz sicher helfen, die Entwicklung mancher Erkrankungen auszubremsen.

Da haben sich vor 30 Jahren zwei gleichaltrige Männer zufällig getroffen; der eine ein Doktor der Inneren Medizin, Naturheilkundler und Physiker, der andere ein Journalist. Sie sind gute Freunde geworden und nutzen jede Gelegenheit, nicht nur über Alltägliches wie Politik und Wirtschaft, sondern auch über Gott und die Welt, im wahrsten Wortsinne, zu diskutieren.

Zwangsläufig kam der Tag, dass der Medizindoktor Matthias Zollinger während einer der nicht enden wollenden Diskussionen zu seinem Freund Nikolas Becker sagte, dass man die Substanz der Gespräche, die schließlich nicht nur flaches Geschwätz sei, eigentlich festhalten müsse, am besten zwischen zwei Buchdeckeln. Das war gewissermaßen die Geburtsstunde dieses Buches. Es war nie daran gedacht worden, ein atheistisches oder religiöses Werk zu erarbeiten, allerdings wurde eine eigene Darstellung daraus; das Ganze wurde ein spannender Roman mit teilweise unglaublichen Facetten, die allerdings auf wissenschaftlichen Wahrheiten und Erkenntnissen beruhen. Die zwei Männer haben sich in der Schweiz und in Italien mit Menschen intensiv unterhalten und festgestellt, dass man überall offene Ohren hat für das Generalthema, das in diesem Buch behandelt wird.

Leider wird uns seitens derer, die vielleicht mehr darüber wissen, als sie zugeben können, sehr viel vorenthalten. Allerdings aus naheliegenden und verständlichen Gründen: Das ganze seit unzähligen Jahren aufgebaute Gebäude des Glaubens, des Himmels und der Hölle, würde zusammenstürzen. Um genau das zu verhindern, wird geschwiegen. Es sollen, trotz wissenschaftlicher exakter Feststellungen, einige Dinge niemals das Licht der Welt erblicken können.

Ein weiterer Grund für die Geburt dieses Buches aber war dann ein Artikel von Professor Dr. Heribert Prantl (Chefredaktion Süddeutsche Zeitung):

„Wann bist du lieb, lieber Gott?" Die Fragestellungen in diesem Artikel sind von einer unglaublichen Substanz. Prantl fragt auch, weshalb lässt Gott, wenn er denn existiert, Vernichtung, Ausrottung oder Kriege zu? Weshalb hindert er die Bösen nicht daran? Es ist eine Frage, die sich durch die ganze Menschheitsgeschichte zieht – die Frage, mit der sich Luther, Leibniz und Kant bereits gequält haben. Es wird versucht, in diesem Buch zumindest eine Teilerklärung zu geben. Frage: Ist die Einteilung in Gut und Böse nicht Bestandteil einer sehr naiven Ethik?

Wenn Sie, verehrte Leserinnen und Leser, das Buch in der Hand halten: Bitte denken Sie daran, dass es keine Chronologie geben kann. Zum besseren Verständnis wird empfohlen, das Buch tatsächlich komplett zu lesen. Da es sich insgesamt um einen spannenden Komplex mit vielen interessanten Begleiterscheinungen handelt, wird es Ihnen sicher nicht langweilig. Eines ist sicher: Sie werden aus dem Staunen nicht herauskommen. Einige werden sagen, dass das alles nicht sein kann und das, was seit Tausenden von Jahren Bestand hatte, ohne Zweifel stimmen müsse. Sie werden viele Aussprüche von hochkarätigen Menschen finden mit der Quintessenz, dass Theologie und Naturwissenschaft sich durchaus vertragen, allerdings nicht immer.

Auf der Suche nach weiteren Antworten kommt man auf die Varianten, die Epikur, der übrigens Atheist war, vor über 2000 Jahren entwickelt hat: „Entweder will Gott die Übel beseitigen und er kann es nicht, oder er kann es nicht und will es nicht, oder er kann es und will es. Wenn er es nun will und nicht kann, so ist er schwach, was auf Gott nicht zutrifft. Wenn er kann und nicht will, so ist er missgünstig, was Gott fremd ist. Wenn er nicht will und nicht kann, dann ist er sowohl missgünstig wie auch schwach, und dann auch nicht Gott. Wenn er aber will und kann, was allein für Gott sich ziemt: Woher kommen dann die Übel, warum nimmt er sie nicht weg?“

Soweit einige Zitate aus Heribert Prantls Artikel, den unsere Leserinnen und Leser komplett lesen sollten. Er ist über die Süddeutsche Zeitung zu erhalten. Für die beiden Freunde Matthias Zollinger und Nikolas Becker war dieser Artikel Grund genug, die schon oft angefachte Diskussion wieder in größerem Stil fortzuführen.

Zu Epikur muss man noch ein paar Bemerkungen machen: Er war ein genialer und lebensintensiver Mensch, der mit den Göttern nicht viel im Sinne hatte. Er ging mit seinem Götterglaube gerade soweit, dass ihn die Athener Gesellschaft nicht ablehnen konnte. Sein Motto: Der Tag zählt, und was er mir bringt an lustvoll Entspannendem, ist gut. Zeus sei noch nicht bei ihm gewesen, deshalb könne er auch nicht viel über ihn sagen. Jedenfalls war Epikur ein bewusstseinsstarker Philosoph, allerdings vermutlich mit Nierensteinen behaftet, die ihm das Leben zur Hölle machten.

In einer Badewanne mit warmem Wasser bekam er mitunter Erleichterung von seinen kolikartigen Schmerzen. Als Epikur bemerkte, dass sowohl seine Koliken als auch sein Leben zu Ende gingen, versammelte er um die Badewanne herum seine Anhänger und mahnte sie an, genussvoll zu leben. Er zeigte keinerlei Furcht vor dem Tod und war wohl so gelassen wie Sokrates, nachdem dieser den Schierlingsbecher getrunken hatte; das einzige, was Sokrates beunruhigt hatte, war der Umstand, dass er seinem Freund Croton noch einen Hahn schuldete, den man ihm bringen möge. So zu sterben, schaffen nur starke Geister.

Epikurs Äußerungen zeigen allerdings deutlich, dass er die Karmalehre nicht kannte. Übel, die uns begegnen, haben zwei Funktionen: Wir haben in Vorinkarnationen Rechnungen aufgemacht, die wir nun bezahlen müssen.

Und: Jeder Widerstand, den Lebewesen erfahren, kann als Evolutionsbeschleuniger gesehen werden, und jeder Fortschritt, den wir in unserer Inkarnation erfahren, macht uns freier und stärker. Je öfter Gras geschnitten wird, desto stärker werden dessen Wurzeln…

„Wie alt ist eigentlich das Universum und die Erde? Du wirst das doch wissen", Nikolas Becker schaute Matthias Zollinger fragend an.

Dieser antwortete: „Wahrscheinlich knapp 14 Milliarden Jahre. Sagt man. Aber genau weiß ich es auch nicht, es wird niemand wissen. Aber so ungefähr kann das aufgrund der ernsthaften Forschungen hinkommen."

„Dann ist Gott jedenfalls älter als das Universum. Muss er ja sein. Wie sonst hätte er es wachrufen können", Nikolas Becker wollte es jetzt genau wissen, „und die ganzen anderen Planeten, die Sonne, den Mond oder den Mars? Wie soll das alles gegangen sein? Demnach ist Gott kein abgegrenztes Wesen, sehe ich das richtig? Er hat auch keinen weißen Bart und sitzt auf keinem goldenen Sessel?"

„Das siehst du richtig", Matthias Zollinger schaute sehr nachdenklich und fuhr fort, „Gott ist weitaus mehr als ein lebendiges Wesen. Er ist die für uns Menschen unfassbare manifestierte Energie, die alles umfasst. Wir Menschen sind ein Teil dieser Energie, in und um uns herum ist Energie, also sind wir ein Teil Gottes und können über diese Energie gewissermaßen im Kontakt sein mit der Urenergie, mit Gott.

„Und wie alt ist die Menschheit?“ Nikolas schaute seinen Freund Matthias listig an weil er glaubte, dass jetzt eine ausweichende Antwort käme. Der antwortete ohne mit der Wimper zu zucken: „Ungefähr knapp vier Millionen Jahre.“

....

> Ich habe niemals die Existenz Gottes verneint. Ich glaube, dass die Entwicklungstheorie absolut versöhnlich ist mit dem Glauben an Gott. Die Unmöglichkeit des Beweisens und Begreifens, dass das großartige und über alle Maßen herrliche Weltall ebenso wie der Mensch zufällig geworden ist, scheint mir das Hauptargument für die Existenz Gottes <

Charles Darwin, britischer Naturforscher

....

Nikolas nickte sinnend: „Vier Millionen Jahre. Man kann es einfach nicht fassen. Und da gibt es Menschen, die glauben, dass das alles zufällig abgelaufen sein soll. Gott, Allah, Jehova oder Yaweh, immerhin gibt es ungefähr 7000 Sprachen auf dieser Welt, also bestimmt auch die gleiche Anzahl von Namen für Gott. Yaweh übersetzt heißt schließlich soviel wie *andauernde Energie, die Energie des Lebens* oder auch *die mystischste Energie der ganzen Galaxis*. Die Übersetzung wundert mich nicht mehr. Ich habe gelesen dass wir die Räume sind, in denen sich diese Energie manifestieren kann. Kann das so sein?"

Matthias Zollinger hörte interessiert zu und antwortete: „Natürlich kann das sein, ich bin da ziemlich sicher. Aber wir müssen es auch wollen", jetzt wurde Zollinger von seinem Freund unterbrochen: „Vielleicht kann man die Energie in Form von intensiven Gebeten zusammenführen?" Matthias Zollinger antwortete: „Vermutlich ist das so. Die schon angesprochene Urenergie ist so stark, dass wir sie überhaupt nicht begreifen und schon überhaupt nicht verstehen können. Wenn du dir vorstellst, dass vor 14 Milliarden Jahren, die Wissenschaft sagt, 13,7 Milliarden Jahre seien es gewesen, der sogenannte Urknall, der ja eigentlich kein einfacher Knall war, stattgefunden hat, dann müssen einem die Worte fehlen.

Innerhalb Bruchteilen einer Sekunde ist aus einer kosmischen Energieeinheit das Universum entstanden. Es muss sich eine Energie entwickelt haben in diesem Moment, die wir Menschen nie begreifen werden, die Kapazität unseres kleinen Gehirns ist viel zu schwach. Alles nur Zufall? Völlig ausgeschlossen. Aber zu diesem Thema habe ich dir noch vieles zu erzählen. Du kannst dir vielleicht vorstellen, dass es nichts, aber auch überhaupt nichts gibt, dessen diese Energie nicht fähig ist zu tun, zu verändern oder zu bewegen. Das ist Gott. Und da gibt es nur einen."

Jetzt schwiegen beide Freunde sehr nachdenklich, jeder hing seinen Gedanken nach.

„Die Meinungen zu diesem Thema sind weltweit grundverschieden. Und Religionen in ihren verschiedenen Interpretationen haben direkt mit Gott vielleicht nur wenig zu tun, sondern nur mit Vorstellungen, die man für Gott hält. Ganz einfach deshalb, weil die meisten Menschen von Gott eine eigene oder oktroyierte Meinung haben. Trotzdem ändert sich am Ursystem nichts. Wir sollten, um unsere eigene Meinung zu vertiefen, noch mit einigen besonders ausgewählten Menschen verschiedenen Gedankengutes sprechen. Was hältst du davon?"

Nikolas Becker fragte seinen Freund um dessen Meinung. Der antwortete ohne eine Diskussion zu beginnen, wie eigentlich meistens: „Gute Idee. Machen wir. Dann plane mal etwas."

Claus Beckenbach im Gespräch mit Prof. Dr. Peter Leins, Evolutionsbiologe Universität Heidelberg

Claus Beckenbach:

Herr Professor Leins, man geht zunehmend davon aus, dass unser Universum seit 13,7 Milliarden Jahren besteht. Die sogenannte Urknalltheorie wird weitgehend von der Wissenschaft als gültig anerkannt. Wann wuchsen die ersten Pflanzen und welche? Was geschah in der Zeit, bis die ersten Lebewesen sich „bildeten"?

Professor Leins:

Zuerst „musste" einmal die Erde entstehen, und dies geschah aus heutiger wissenschaftlicher Sicht vor etwa 4,5 oder 4,6 Milliarden Jahren. Bei dieser Abschätzung spielen 100 Millionen Jahre keine Rolle.

Ungefähr eine Milliarde Jahre verstrichen, bis die ersten Lebewesen entstanden. Natürlich nicht von heute auf morgen! In einer „Ursuppe" – vielleicht an mehreren Stellen unserer Erde – bildeten sich komplexe organische Substanzen und schließlich solche, die die Fähigkeit hatten, sich selbst zu reduplizieren, wie die RNA und die DNA, die für sich genommen noch keine Lebewesen sind. Erst wenn diese von einer Biomembran gegen ihre Umgebung abgegrenzt sind, beginnt das Leben und die Vermehrung der Lebewesen durch Zellteilung.

Wir sprechen von Prokaryonten, zu denen die Bakterien zählen, von denen ein Teil, nämlich die Cyanobakterien, schon früh durch den Besitz von Chlorophyll a zur Photosynthese befähigt sind. Sie begannen damit, den in der Atmosphäre zuvor fast völlig fehlenden Sauerstoff mehr und mehr anzureichern. Zu den ältesten grünen Prokaryonten zählen die heute noch an der Westküste Australiens vorkommenden Stromatolithen, die durch ihre mächtigen Kalkausscheidungen die vormals enorm hohe CO^2-Konzentration der Luft reduzierten.

Früher hat man die Cyanobakterien als sogenannte „Blaualgen“ bereits den Pflanzen zugerechnet. Aus heutiger Sicht beginnt das Pflanzenleben erst vor etwa einer Milliarde Jahren nach der Einverleibung grüner Prokaryonten in eine Eukaryontenzelle - entsprechend der Endosymbionten-Theorie. Die ersten Pflanzen waren zunächst begeißelte oder unbegeißelte Einzeller, später mehrzellige fadenförmige grüne Algen.

Claus Beckenbach:
Irgendwann gab es auch Tiere, sicherlich in verschiedenen Evolutionslinien. Die Wissenschaft behauptet, dass die ersten Menschen vor 3,7 Millionen Jahren auf unserem Planeten waren; einig ist man sich über diese Zahl allerdings nicht. Welche Tiere kann man hier gleichstellen? Oder wann kamen die ersten Tiere und vor allen Dingen welche?

Professor Leins:
Die Frage, wann die ersten Menschen auftraten, hängt von der Frage ab: Ab wann ist der Mensch ein Mensch? Man muss also die Frage etwas differenzierter angehen. Ich werde versuchen, es kurz zu machen. Nach heutigem Kenntnisstand erfolgte vor etwa 20 Millionen Jahren eine Aufspaltung der Menschenaffen im weitesten Sinne in zwei Entwicklungsäste, nämlich in die Gibbon-Verwandtschaft und die eigentlichen oder höheren Menschenaffen, aus denen vor etwa 13 Millionen Jahren die Gattung *Pongo* (Orang-Utan) und vor etwa 8 Millionen Jahren der Gorilla hervorging.

Vor etwa 6 Millionen Jahren kam es dann zur Trennung von Schimpanse und der Gattung *Homo* (Mensch), die sich in der Folgezeit in verschiedene mittlerweile ausgestorbene Arten aufteilte, bis schließlich, noch während der Neandertaler-Mensch auf unserer Erde lebte, der moderne Mensch, *Homo sapiens,* vor 190.000 Jahren - wie die anderen *Homo*-Arten in Afrika - entstand, und von dort aus sich in alle Welt ausbreitete. Mit dem *Homo sapiens* und seinem unter den Säugetieren höchst entwickelten Gehirn kam zur organismischen die kulturelle Evolution hinzu, welche mit zunehmender Beschleunigung abläuft.

Zu Ihrer Frage, Herr Beckenbach, wann und welche Tiere auf der Erde zuerst entstanden, scheint heute die Antwort unklarer denn je. Wenn wir es uns einfach machen wollen, können wir postulieren, eben solche Eukaryonten, die keine grünen Prokaryonten „abbekommen" haben, wenn auch diese Aussage nicht uneingeschränkt gilt. Die ersten mehrzelligen tierischen Organismen, der sogenannte fossilen Ediacara-Fauna, lebten vor etwa 580–540 Mio. Jahren am Meeresboden. Sie glichen im Aussehen (ohne dass dies als Verwandtschaft gedeutet werden kann!) etwa heutigen Seefedern oder Schwämmen.

Claus Beckenbach:

Es gibt Leute, die behaupten, der Mensch stamme vom Affen ab. Das aber ist widerlegt - es gab offensichtlich zwei Evolutionslinien. Wobei Tiere wohl eine dauernde Verbindung zum Energiefeld Gott haben und die Men-

schen diese suchen sollen. Sie können es tun oder auch nicht. Was sagen Sie dazu?

Professor Leins:

Die Aussage „Der Mensch stammt vom Affen ab" ist nicht gerade falsch; sie ist einfach „schnodderig". In der modernen Abstammungslehre (Phylogenetik) werden Stammbäume in sogenannten Kladogrammen dargestellt: Das sind dichotome „Gabelsysteme". Danach sind Schimpanse - insbesondere der Zwergschimpanse, der *Bonobo* – und Mensch, der *Homo sapiens*, Geschwister, also aus einem gemeinsamen Vorfahren hervorgegangen, und letzterer ist wiederum zusammen mit einem Gorilla aus einem Vorvorfahren entstanden. Dass diese Reihe von Vorfahren im Rückgang immer affenähnlicher war, liegt auf der Hand.

In Ihrer Frage taucht der Begriff Gott auf. Was ich dazu zu sagen hätte, wäre ein eigenes Buch, und mit dieser Frage beschäftige ich mich schon seit mehreren Jahren in einem Studenten-Seminar „Evolution und Gottesglaube". In aller Kürze: Der eine Gott der monotheistischen Religionen ist das „reduktionistische" Ergebnis kultureller Evolution vorausgegangener Vielgötter-Mythen. Mythos, geboren aus Ängsten und menschlichen

Bedürfnissen, und Realität oder „Wahrheit“ sind natürlich zweierlei.

Das wohl bedeutendste Ereignis, mythisch- beziehungsweise religionszentrierter kultureller Entwicklung, ist die Propagierung der Nächstenliebe durch Jesus von Nazareth, und die wohl weltbewegendste Erkenntnis der Naturwissenschaft geht auf Charles Darwin zurück, der die geniale Anregung dazu gab, die „Schöpfung“ der Lebewesen zu verstehen. Sucht man – falls man will – nach einem möglichst entmythologisierten Gott, so lässt er sich, naturwissenschaftlich-philosophisch zentriert, vielleicht umfassend als die Ursache von allen im Universum sich abspielenden Prozessen definieren; das sind nicht nur die energiebezogenen Naturgesetze, sondern vielmehr, was beispielsweise die organismische (und kulturelle) Evolution betrifft, in der der Zufall wohl die größte Rolle spielt, die kanalisierende Selektion, beherrscht vom ökonomischen beziehungsweise Optimierungsprinzip, vor dessen Hintergrund sich eine „gnadenlose“ Konkurrenz abspielt. Evolution ist Massensterben! Dieses Prinzip aber ist das einzige, das zur organismischen Höherentwicklung führt.

Claus Beckenbach:

Die Evolution kennt sicher keinen Abschluss - sie nimmt ständig ihren Lauf. Menschen, Tiere und Pflanzen befinden sich fortwährend in Veränderung. Kann man das so sehen? Kann man etwa eine Prognose geben, wie es weitergeht?

Professor Leins:

Wir befinden uns mitten in der organismischen und kulturellen Evolution. Sie wird auf unserem Planeten in weit entfernter Zukunft, wenn dieser für Lebewesen nicht mehr bewohnbar ist, zu Ende gehen. Vielleicht wird sie andernorts im Weltall ihr Spiel weitertreiben oder neu entflammen. Eine Voraussage, welchen Lauf die Evolution nimmt, lässt sich nicht machen, da Evolution vom Zufall begleitet ist: Wann und wo Erbänderungen (Mutationen) stattfinden und wie diese durch die Sexualität neu kombiniert werden, ist nicht vorhersehbar, also in diesem Sinne zufällig.

Claus Beckenbach:

Kann es sein, dass die Pflanzenwelt im Laufe ihrer Evolution auch Einfluss auf Größe und Art der Tiere genommen hat?

Professor Leins:

Ohne Pflanzen gäbe es keine Tiere. Nur Pflanzen sind als sogenannte Primärproduzenten in der Lage, aus anorganischen Stoffen mit Hilfe der Sonnenenergie organische Stoffe aufzubauen und dienen damit sowohl Pflanzen konsumierenden Tieren als auch indirekt Tiere fressenden Tieren als Nahrungsquelle. Die zunehmende Biomasse der Pflanzen ermöglicht einerseits eine enorme, unüberschaubare Artenvielfalt unter den Tieren (vor allem Insekten), andererseits eine Zunahme an Körpergröße bestimmter höherer Tiere (Elefanten, Wale, ausgestorbene Saurier).

Dabei ist zu beachten, dass nach grober Abschätzung unter allen auf der Erde lebenden Organismen-Arten die Konsumenten, im Wesentlichen also Tiere, mit mehr als 80% die artenreichste Gruppe darstellen. Die Pflanzen-Arten belaufen sich gerade mal auf etwa 4%. Die restlichen etwa 15% betreffen die abbauenden sogenannten Destruenten, Mikroorganismen, die die „toten" organischen Substanzen wieder zu anorganischen abbauen. Demgegenüber sind es die Pflanzen, die mehr als 90% der gesamten Biomasse „auf die Waage" bringen. Die Konsumenten schaffen es auf etwa 5%, und der Rest fällt den Destruenten zu.

Claus Beckenbach:

Zum Schluss: Vielen Dank für Ihre Ausführungen, Herr Professor Leins. Und als allerletzte Frage: Glauben Sie, dass das Hochenergiefeld Gott irgendwann einen Anfang hat und ob es im Laufe der Zeit ebenfalls sich quasi „entwickelt" hat?

Professor Leins:

Jetzt bringen Sie mich, lieber Herr Beckenbach, zum Schluss noch auf ein sehr spekulatives Feld, auf dem ich - zugegeben, nicht ohne ein gewisses Vergnügen - ein wenig zu „spielen" wage: „panta rhei" - alles fließt - ist eine Aussage, die Heraklit von Ephesus zugeschrieben wird, dem man auch, soweit ich mich an mein Philosophie-Studium erinnere, den Begriff „logos" in den Mund gelegt hat. „Logos", ein mehrdeutiger Begriff, lässt sich vielleicht im Sinne eines „unbewegten Bewegers" interpretieren. Unbewegt heißt: ohne Faktor Zeit! Schwer vorstellbar zwar, aber doch plausibel, wenn wir es als Prinzip wahrnehmen wollen, das weder Anfang noch Ende hat. Es ist einfach da: das wahre Sein? Eine andere Deutungsmöglichkeit: „Das wahre Sein ist Werden". Im Werden ist ständige Energie. Nennen wir sie göttlich, dann hat auch sie weder Anfang noch Ende. Auf Urknall folgt Ausdehnung folgt Kompression folgt

Urknall folgt Ausdehnung folgt Kompression …
… und wir, als „Spielbälle“ geboren, winzig klein wie ein Sandkorn in der Sahara, staunend und ängstlich und freudig und liebend, dürfen bei diesem Riesenspektakel nur vorübergehend dabei sein.

Kapitel 1

„Wer sollte nicht durch die Beobachtung und den sinnenden Umgang mit der von der göttlichen Weisheit geleiteten herrlichen Ordnung des Weltgebäudes zur Bewunderung des allwirkenden Baumeisters geführt werden!“

Nikolaus Kopernikus (1473-1543), Domherr, Astronom, Mathematiker und Kartograph

Matthias und Nikolas hatten endlich einen Termin gefunden, um die längst geplante Reise nach Zermatt anzutreten. Sie saßen jetzt im Mercedes GL, einem nicht mehr ganz neuen Diesel, der vor sich hin schnurrte; Nikolas hatte das Steuer übernommen, weil Matthias schlafen wollte. Sie hatten Basel bereits passiert, als Matthias aufwachte mit dem schmerzlichen Ruf, dass er Hunger habe und eigentlich in Basel das Frühstück hätte stattfinden sollen. Immerhin sei es schon neun Uhr. Die Tachonadel zitterte bei 120 km/h herum und es ging gut vorwärts.

Auf den Schmerzensruf reagierte Nikolas überhaupt nicht, er sagte lediglich, dass sie gleich an eine Mövenpick-Rastanlage kämen; Rühreier seien bereits gerichtet. Und auf die Frage, weshalb die Tachonadel so zittere, meinte Matthias: „Weißt du das nicht? Das ist die starke Energie, die von uns ausgeht und auch die hier im Raum“, dabei lachte er und fügte noch an, dass die Nadel schon immer zittere.

Auch während der Frühstückspause wurde wieder diskutiert über Energie, das Universum und natürlich über Gott. Die Fahrt ging weiter via Bern, Fribourg hinunter nach Montreux am Genfer See. Jetzt fuhren sie hinein ins Rhônetal, und es dauerte nicht lange, dann kam Visp in Sicht. Den Berg hinauf bis zur Weggabelung war es nur noch eine knappe Stunde: Geradeaus führte die Straße ins Saastal, rechts ab in Richtung Zermatt.

„Wir können nur bis Täsch fahren, da ist ein Parkhaus, Zermatt ist autofrei, die restlichen fünf Kilometer werden wir laufen müssen“, Nikolas informierte seinen Freund Matthias.

„Mit unseren Gepäcktaschen? Niemals“, Matthias warf einen bösen Blick in Richtung Nikolas. Der lachte und löste das Rätsel, in sehr kurzen Abständen würde der Glacier-Express in Täsch halten und in zehn Minuten seien sie in Zermatt. Was schließlich auch so war. Noch am Bahnhof rief Nikolas seinen alten Freund Pirmin Taugwalder an.

Der kam auch nach ein paar Minuten mit seinem Elektrowagen. Nach einer überschwänglichen Begrüßung, in die auch sofort Matthias Zollinger integriert wurde, fuhren sie auf Vorschlag von Nikolas die Bahnhofstraße hinauf zur Edward-Whymper-Stube, um, wie Pirmin Taugwalder meinte, zuerst einmal einen Begrüßungstrunk zu nehmen. Fast kamen die drei Männer nicht zum Essen und Trinken, es gab unglaublich viel zu erzählen. Nikolas Becker hatte Pirmin Taugwalder bereits am Telefon über den Grund der Reise informiert. Und dass eine oder zwei Übernachtungen im kleinen Taugwalder-Hotel, das sich außerhalb des Dorfkerns befindet, eingeplant waren, grenzte an Selbstverständlichkeit.

Es war bereits 15 Uhr, als sie mit dem Elektrowagen leicht beschwingt losfuhren Richtung Ortsausgang. Nach der letzten kleinen Kurve erstrahlte plötzlich in voller Pracht und Größe das Matterhorn, das Horu, wie die Walliser sagen, in strahlender Sonne vor stahlblauem Himmel. Es gibt sicher keinen Menschen, der von diesem grandiosen Bild nicht überrascht ist.

„Kein Wunder", meinte Matthias, der an und für sich mit nur wenigem zu beeindrucken ist, „wirklich kein Wunder, dass sich hier die unglaublichsten Geschichten gewissermaßen entwickelt haben über die Größe Gottes – man glaubt fast, dass der Berg bis in den Himmel reicht.“ Die drei Männer schauten schweigend auf den Berg und hingen ihren Gedanken nach.

Nikolas unterbrach die Stille in dem schönen kleinen Hotelgarten: „Pirmin, wie oft warst du da oben? Weißt du das eigentlich?“

Pirmin Taugwalder antwortete sofort: „Natürlich weiß ich das, wir führen nämlich ein Buch, in dem alle Berggänge detailliert mit Datum und Uhrzeit festgehalten sind. Wenn Personen dabei sind, wird auch deren Namen und alles, was wichtig ist, in das Buch eingetragen. Ich weiß es nicht auswendig, jedenfalls mehr als 100 Mal. Das letzte Mal war ich vor zwei Wochen oben. Es ist wirklich jedes Mal ein unglaubliches Gefühl, man spürt also schon, dass man dem Himmel näher ist.“

Nikolas Becker: „Mein lieber Pirmin, du bist doch sicher auch schon 70 Jahre alt. Und da steigst du noch da hoch?“

Pirmin lachte und antwortete: „Mein Freund, du warst schon immer ein Charmeur; ich war an meinem 81. Geburtstag vor zwei Wochen oben. Wir stecken hier voller Energie und Kraft. Anders als ihr Talbewohner. Da kann ich euch gleich noch etwas Ähnliches erzählen. Kennt ihr Ulrich Inderbinen?"

Nikolas kannte ihn zwar nicht, aber er wusste, dass er eine lebende Legende im Wallis war; Matthias wusste nichts von dieser Legende.

Pirmin Taugwalder fuhr also fort mit seiner angekündigten Geschichte, sicher halfen auch die genüsslich getrunkenen Gläser vom Walliser Fendant seiner Gesprächigkeit etwas nach: „Ulrich Inderbinen ist im Jahre 1900 geboren und 2004 gestorben. Er war einer meiner besten Freunde. Bis zum 96. Lebensjahr war er offizieller Bergführer. Bei ihm habe ich vieles gelernt, nicht nur das Bergsteigen. Manchmal ist er auch alleine hochgestiegen, und auf meine Frage, weshalb er hochginge, meinte er kurz, er habe da oben etwas zu erledigen. Lange Zeit später fragte ich ihn zum wiederholten Male, dann lächelte er verschmitzt, dass er Verschiedenes zu besprechen habe da oben. Und als ich wissen wollte, mit wem, gab er zur Antwort: mit Gott. Und als ich weiter wissen wollte, ob er Gott auch gesehen habe, sagte er knapp: „Man kann ihn nicht sehen, das braucht's auch nicht." Ulrich Inderbinen war ein sehr frommer Mann, aber ich nehme an, dass sein Glaube nach anderen Maßstäben anzulegen ist; nicht so, wie wir landläufig Frommheit bezeichnen. Aber man muss wohl nicht alles verstehen.

2015 haben wir hier übrigens die 150-Jahrfeier der Erstbesteigung des Horu gefeiert, habt ihr das gewusst? Am 14. Juli 1865 hat der Engländer Edward Whymper den Berg bezwungen. Seine Mitbesteiger waren Douglas R. Hadow, Charles Hudson, Francis Douglas, Michel-Auguste Croz, Peter Taugwalder Vater und Peter Taugwalder Sohn; die beiden letztgenannten waren direkte Vorfahren von mir. Aber es artete zu einer Tragödie aus. Beim Abstieg stürzten vier Männer seiner Begleiter ab: Douglas R. Hadow, Charles Hudson, Francis Douglas und Michel-Auguste Croz." Jetzt bekreuzigte sich Pirmin Taugwalder andächtig vier Mal, im Lokal war Totenstille, alle hatten aufmerksam mitgehört. Er fuhr dann fort: „Ein Seil war gerissen und lange Zeit rankten sich die Gerüchte darüber, dass das Seil von Whymper extra zerstört worden sei, sodass er den Erfolg alleine genießen hätte können. Noch heute gibt es Menschen im Dorf, die Zweifel haben an dem, was Whymper berichtet hatte: Er war bei seiner Rückkehr sehr erschüttert und er erzählte im Dorf den ganzen Vorgang, sicher war das auch glaubwürdig.

Es regnete nicht an besagtem Tag und doch, direkt nach dem Unglück überspannte ein großer Regenbogen das Areal und aus Nebelwolken bildeten sich zwei große Kreuze. Später einmal sagte mir Ulrich Inderbinen, dass das Gotteszeichen gewesen seien, die aufgrund der unglaublichen Energie gezielt gebildet worden wären. Ich selbst habe derlei Zeichen bei meinen Gesprächen mit Gott immer einmal wieder erhalten. Deshalb glaube ich auch nicht, dass Gott ein alter Großvater mit langem, weißem Bart ist. Es gibt etwas sehr viel Größeres, Übergeordneteres, das nicht nur uns kleine Menschen, sondern das ganze Universum und noch viel mehr steuert. Begreifen werden wir es wohl nie.

So, jetzt habe ich lange genug geredet, ich glaube, dass wir reingehen und ein ordentliches Nachtessen zu uns nehmen. Unser Doktor kann uns beim Essen bestimmt einiges zu diesem Thema sagen, was meinst du, Doktor?"

Matthias hatte jetzt seinen Namen, er war der Doktor, so einfach ist das im Wallis. Natürlich stimmte er zu, er hatte einiges zum Thema auf Lager.

„Pirmin, du hast vorhin von Energie gesprochen, und ihr Bergleute, ihr wärt gewissermaßen mit mehr Energie ausgestattet als wir Talleute.

Das mag vielleicht zu einem kleinen Prozentsatz stimmen, aber pauschal sind wir alle miteinander voller Energie. Und die für Menschen unbegreifbare Energie draußen im Weltraum, hier an diesem Ort und in uns ist nichts anderes als ein Teil der ganz großen Energie, der Urenergie. Das ist Gott, wie immer man ihn namentlich nennen mag. Dass er uns Zeichen gibt, dass er uns steuert, lenkt, hilft oder uns bestraft, funktioniert nur über den Kontakt zur Energie. Stellt euch vor: Das alles seit Milliarden von Jahren“, jetzt wurde Nikolas Becker unterbrochen, Pirmins Frau Regula brachte eine riesige Platte, beladen mit Bündner Fleisch und Speck, selbst geräuchert, wie sie stolz zu betonen wusste. Und das Fondue komme auch gleich, Wein sei noch genügend auf dem Tisch, meinte sie.

Man sah es ihm an, dem Doktor, er konnte es kaum abwarten, zuzugreifen. Pirmins Frau brachte auch schon das Fondue, Walliser Bergkäse und Fribourger Vacherin. „So schmeckt es am besten, wir machen das schon immer so“, meinte sie nicht ohne Stolz und ihr Mann Pirmin nickte zustimmend. Eine Weile war beachtliche Stille am Tisch, das Lokal hatte sich zwischenzeitlich gefüllt, der Geräuschpegel war angenehm, weil man einfach essen und trinken konnte, ohne etwas zu sagen.

Dann aber ergriff der Doktor, Matthias Zollinger, das Wort:

„Wir haben ein ernsthaftes Thema angepeilt und ich würde gerne einmal das Beispiel, das ich sehr oft in Vorträgen und Diskussionen benutze, jetzt ganz kurz darstellen: Einem Fahrrad zu unterstellen, dass es aus sich heraus Fahrrad werden wollte und deshalb aus mehreren Zufällen heraus eben ein Fahrrad geworden ist, einfach aus einem Metallhaufen heraus, ist unsinnig und es wird auch niemand ernsthaft glauben wollen. Planende Ingenieure und Techniker haben das so gewollt. Umso mehr gilt dieser Ansatz für unser kompliziertes Universum und das Multiversum, das uns umgibt. Im Multiversum kommen und gehen die Galaxien; es ist ein gewaltiges Wirken und Brodeln. Dass dieses alles durch eine planende und geniale Energie zustande kommt, ist sicher. Es ist keine Sache, die man eventuell glauben könnte, es ist eine Sache, eine Evidenz, die direkt erkennbar ist." Jetzt schob der Doktor die restlichen Brotstücke samt den drei Scheiben Bündnerfleisch in den Mund und spülte mit einem ordentlichen Schluck Fendant nach. Diese Pause nutzte Pirmin Taugwalder, um den die ganze Zeit schon hinter dem Doktor stehenden Mann vorzustellen.

„Also, ihr zwei", meinte Pirmin und wendete sich Nikolas Becker und Matthias Zollinger zu, „das ist Elias Hodler, unser Schullehrer. Ich sehe es ihm an, dass ihn dein kleiner Vortrag, mein lieber Doktor, ziemlich fasziniert hat, stimmt doch, Elias?" Der lächelte, nickte zustimmend und reichte die Hand zur Begrüßung. „Ich bin der Elias, und was ich bislang gehört habe, ist mir, um ehrlich zu sein, eigentlich nicht ganz neu. Ich würde sehr gerne noch viel mehr darüber hören. Offensichtlich ist der Doktor mit seinem Wissen sehr viel weiter als ich. Gerade habe ich mir überlegt, ob man morgen einen Vortrag vom Doktor organisieren könnte. Ich kann kurzerhand eine ganze Reihe von Interessenten zusammenbringen. Wir könnten das im Schulhaus oder im Kinosaal machen. Das wäre doch ein Vorschlag?" Elias Hodler war ganz begeistert. Und der Doktor, mit Blickrichtung zu seinem Freund Nikolas, meinte augenzwinkernd, wenn ein so gutes Essen inklusive einem großen Schluck Fendant dabei herausspringen könnte, würde er das gerne machen. Also, nun es war abgemacht.

Am nächsten Tag um 11 Uhr, gewissermaßen des Doktors Matinee-Vorstellung, waren fast 100 Personen in die Schulaula gekommen; Elias Hodler als angesehener Zermatter Bürger und dazu noch Schullehrer hatte gerufen und viele kamen, speziell zu diesem ungewöhnlichen, aber für alle interessanten Thema.

Matthias Zollinger, der Doktor, war es gewohnt, zu mehreren Menschen zu sprechen, er wusste sich klar und akzentuiert auszudrücken. Er begann mit der Entwicklung der Gottes-Idee, wobei er vorausschickte, dass die nachfolgenden Informationen keine eigenen Hirngespinste sind, sondern von ihm selbst und anderen Forschern wissenschaftlich sauber selektierte Hintergründe, die beweisbar seien.

Matthias Zollinger betrat das Rednerpult: „Zu Gott und über Gott wurde schon sehr viel gesagt und geschrieben. Es wurden Kriege geführt im wahnhaften Dünkel, dass Gott dies so wolle und auch den Sieg bestimmt. Es wurden gewaltsame Missionierungen im Namen Gottes unternommen weil man glaubte, dass Gott das so will. Gelang die Missionierung, dann glaubten die Missionare, nunmehr Seelen gerettet zu haben; in Wirklichkeit aber wurden nur selbst erschaffene Gottesbilder indoktriniert, die mit dem realen Gott recht wenig zu tun hatten. Es wird der Versuch unternommen, langsam auf diese Denkweise hinzuführen: Es gibt Denkschulen, welche die Existenz Gottes bestreiten; sie verfügen über exzellente Köpfe wie

Feuerbach, Nietzsche oder Voltaire. Aber auch die Theisten verfügen über eine hochbegabte Gruppe. Das sind die Mystiker (Mystik: myein-die Augen schließen), denen das Gottesbewusstsein in die Wiege gelegt worden ist wie anderen Musikalität oder Mathematik. Die hochbegabten Gruppen verstehen oft nicht, weshalb andere nicht begreifen, wo es doch sonnenklar ist, wie man Tonarten transponiert oder schwierige Differentialgleichungen lösen muss. Das angeborene Bewusstsein für ein Wissensgebiet ermöglicht blitzschnelles Kapieren komplizierter Zusammenhänge; einige Mystiker seien genannt, nämlich Meister Ekkehard, Brigitte von Schweden, Nikolaus von Kues (auch Cusanus genannt), Hildegard von Bingen oder Theresa von Avila.

Alle Weltreligionen haben ihre Mystiker, beispielsweise der Suffismus des Islam oder die Mystik des Judentums, die sich eher in der Kabbala ausdrückt. Die Atheisten beziehen ihre Munition aus wahrgenommenen Ungerechtigkeiten in der Welt, verhungernde und im Krieg gemordete Kinder und Frauen, ungerechte Vermögensteilungen oder die Gegensätze arm zu reich.

Die Theisten vertreten eher die Position, dass man mit Gott nicht rechten solle und dass Gott ‚böse' Ereignisse völlig anders beurteilt als verbitterte Erdlinge. Und noch einen Satz zu den als Beispiel zu nennenden Polytheisten: Diese glauben an mehrere Götter. Es gibt unzählige sich als Religion bezeichnende Gruppen und Vereinigungen, was beweist, dass offenbar jeder und jede sich einen eigenen Gott oder gar mehrere konstruiert. Darauf Antworten zu finden ist schlicht unmöglich. Es kann nur einen einzigen Gott geben.

In allen Weltteilen gibt es in der landeseigenen Sprache den Begriff Chaos. Ungeordnete Energievektoren machen das Gesamtsein aus – das Chaos als der Anfangszustand Gottes. Dieses Energiefeld besitzt nicht nur eine ungeheuere Kraft, sondern auch geniale Intelligenz, also das Verstehen und das Erkennen, das Gott selbst seine eigene Evolution ermöglichte; Schöpfungserfahrung machte Gott zu dem, was er ist. Die Frage danach zu stellen, wann das war, ist sinnlos; niemand wird das jemals beantworten können. Ansonsten käme sofort die nächste Frage nach dem, was vorher gewesen sein könnte. Gott war schon immer. Ewigkeit und Unendlichkeit müssen in wahrer Bedeutung ihres Sinnes betrachtet werden. Ewig (auf Zeit) und unendlich (auf Raum und Größe) bezogen, bedeuten: Anfang und Ende sind schwer zu fassen. Beides sind Begriffe, die wir mit unserem

Verstand nicht begreifen können, weil für uns alles einen Anfang und ein Ende hat.

Nach Hesiod (700 v. Chr.) ist das Chaos der Anfangszustand unserer Welt. Das in sich sehr bewegte Vektorenfeld des Chaos ermöglichte die Schaffung des ersten Ordnungselementes: die Zeit (Chronos). Chronos ist ein Kind des Chaos; in der griechischen Mythologie ist Chronos der Vater des Zeus, dessen Schöpfung an die Intelligibilität des Urenergiefeldes gebunden ist: Zeus als Symbol der Evolution Gottes (Weisheit, Kraft, Genialität). In der germanischen Mythologie entstand die Welt aus dem Urmeer bzw. aus dem Körper des Riesen Ymir, der als erstes Lebewesen galt. In der Völuspa, eine altnordische Prophezeiung, entstanden aus dem Haar Ymirs die Bäume, die Wolken kamen aus seinem Hirn und aus den Wimpern wurde die Welt der Menschen geschaffen. Ymir schuf die ersten Menschen aus Feuer und Eis – so drücken sich in allen Schöpfungsmythen Polaritäten aus: Plus-Minus oder Yin-Yang.

Fakt ist, dass vor Urzeiten das wollende Chaos begann, schöpferisch zu werden und schließlich damit anfing, Galaxien zu kreieren als Folge eines eigenen Evolutionsprozesses. Die Zeit wird niemals messbar sein, sprechen wir von 10 hoch tausend Milliarden Jahren? Oder mehr? Niemand wird es jemals errechnen können. Die Geburt dieses Universums hat ungefähr vor 14 Milliarden Jahren begonnen, und unsere Erde selbst wurde aus diesem Universum heraus geboren. Sie muss deshalb jünger sein, man spricht von knapp vier Milliarden Jahren. Zu bedenken ist, dass wenn ein Mensch geboren wird, er bereits den Tod in sich trägt. Das Sterben beginnt mit der Geburt. Den Universen geht es nicht anders: In zirka fünf Milliarden Jahren wird die Sonne als roter Riese untergehen, und das ist dann das Ende unserer ganzen Galaxie, die zu einem riesigen schwarzen Loch mutiert. Das spielt aber keine Rolle, weil ständig neue Galaxien geboren werden; sie sind den natürlichen Zyklen ihres Seins unterworfen. Dazu passt eine Szene aus Goethes Faust, der den beschworenen Erdgeist als Spottgeburt aus Dreck und Feuer beschimpft; die Antwort des Erdgeistes an Faust war einfach: Du gleichst dem Geist, den du begreifst, nicht mir!

Und damit möchte ich das Thema abschließen. Es gäbe noch Unzähliges zu berichten, aber andererseits wäre kein Ende abzusehen. Ich hoffe aber trotzdem, dass ich Ihnen ein wenig die Hyperenergie, sprich unser aller Gott, habe näher bringen können.“ Der Doktor verbeugte sich elegant vor seinem Publikum, das ihm mit einem beachtlichen Applaus dankte.

Pirmin Taugwalder ergriff jetzt das Wort und bedankte sich bei Matthias Zollinger für den Vortrag. „Mein lieber Doktor, du hast uns mit deinem Wissen enorm viel übermittelt, und wir alle hier glauben, dass das alles noch lange nicht zu Ende ist, wir würden gerne noch viel mehr hören. Gerade habe ich mich mit ein paar Freunden hier kurz unterhalten, wir haben dir einen Vorschlag zu machen."

Und Pirmin Taugwalder meinte, dass die zwei Freunde aus Deutschland durchaus noch einen Tag in Zermatt bleiben könnten, um am nächsten Tag eine Art Fortsetzung des heute Gehörten machen könnten. Gutes Essen und ein paar Schlückchen Fendant wären ohnehin jederzeit parat. Außerdem würde er mit seinem Freund Beat Anthamatten, ebenfalls ein Bergführer ‚über dem Buckel' nämlich in Saas Fee sprechen, der käme garantiert ebenfalls gerne mit einer Abordnung herüber. Auch er hätte schon mehrfach auf dem Allalinhorn oberhalb Saas Fee Gespräche mit Gott geführt. Wobei das Allalinhorn nur 4.027 Meter hoch sei und das Matterhorn beachtlich darüber liegt, nämlich bei 4.478 Meter. Die Höhenmeter der Walliser Berge hat jeder Bergführer im Kopf;

dass Pirmin Taugwalder das einwerfen musste war klar, sein Stolz hatte es ihm geboten.

„Also, mein lieber Doktor und natürlich auch mein lieber Nikolas, könnt ihr uns nicht ganz so intelligenten und wissenden dafür aber dankbaren Berglern diesen Wunsch erfüllen?“

Die beiden schauten sich an und es war klar, dass sie Taugwalders Bitte nicht ablehnen konnten.

„Also gut“, meinte der Doktor lächelnd, „natürlich bleiben wir noch hier bei euch und werden über das Begonnene weiter berichten. Aber zu einem Ende werden wir naturgemäß nicht kommen. Bei der Gelegenheit wollte ich noch an deine Adresse, lieber Pirmin Taugwalder sagen, dass die Energie auf dem Matterhorngipfel genauso stark ist wie bei uns unten im Tal. Diese Hyperenergie ist durchgängig. Aber: Auf einem Berggipfel, so hoch er auch sein mag, ist die äußere Situation eine andere. Es herrscht Stille und man hat die unglaubliche Weite der Bergwelt vor sich. Man spürt, dass das alles nicht zufällig entstanden ist und staunt sicher immer wieder über die Großartigkeit, die man fühlt und sieht. Die eigene Konzentration ist ungleich größer, weil man durch nichts abgelenkt wird; ein Gespräch mit Gott ist sicher intensiver. Das haben nicht nur die

Bergsteiger erkannt, viele Menschen suchen sich einen Platz, an dem sie ungestört und konzentriert mit Gott sprechen können; das kann auch in einem stillen Kämmerlein ganz tief unten im Tal sein.

Mir hat einmal ein Pfarrer gesagt, dass nicht von ungefähr oder zufällig die relativ spitzen Kirchtürme immer über oder nahe am Altar gebaut sind. Durch die Höhe würde die Energie, sprich die Allmacht herabgeleitet und verstärkt. Am Altar wird naturgemäß gebetet und der Kontakt mit der allerhöchsten Energie sei somit dort am intensivsten. Wir haben lange gestritten über dieses Thema, wobei wir im Grunde eigentlich beide recht gehabt haben. Aber genug jetzt, wir wollen uns Zermatt noch anschauen, auch den berühmten Friedhof möchten wir noch gerne besuchen."

Der Saal hatte sich langsam geleert, und viele Besucher bedankten sich noch separat beim Doktor mit dem Hinweis, dass sie am nächsten Tag natürlich wieder hier sein würden.

Kapitel 2

„Die wunderbare Einrichtung und Harmonie des Weltalls kann nur nach dem Plane eines allwissenden und allmächtigen Wesen zustande gekommen sein. Das ist und bleibt meine letzte und höchste Erkenntnis."

Isaak Newton (1643-1727), englischer Physiker und Astronom

Das urige Restaurant in Pirmins Hotel war am Abend so gut besetzt wie es nur selten der Fall war. Natürlich wussten die Zermatter, das die beiden Deutschen dort wohnten, und sie gingen nicht fehl in der Annahme, dass bis spät in die Nacht hinein über Universum, Galaxien und die Ewigkeit der allerhöchsten Institution, nämlich Gott, diskutiert wurde.

Matthias Zollinger, ein Frühaufsteher, ließ es sich nicht nehmen am darauffolgenden Morgen, bereits um sechs Uhr in aller Frühe seinen Freund Nikolas im Nachbarzimmer in großer Lautstärke zu wecken: „Komm mal schnell, so etwas gibt es nur selten zu sehen."

Erschrocken sprang Nikolas Becker aus seinem Bett und beide schauten zu dem großen Panoramafenster hinaus: Stahlblauer Himmel, und die Sonne leuchtete wie ein riesiger Scheinwerfer direkt auf das weiße Matterhorn; ein Bild voller Schönheit und unfassbarer Größe, aber auch Teil dessen, was sie schon seit Tagen diskutierten, nämlich das Grandiose der Schöpfung.

Es war bereits 11 Uhr und Pirmin Taugwalder stand wartend unter der Türe: „Ihr werdet es nicht glauben, gerade ist Beat Anthamatten mit seiner Delegation aus Saas Fee eingetroffen. Ich glaube, dass es mehr als 40 Leute sind. Wir haben den Schulsaal schon vorbereitet, auch aus Zermatt ist eine Reihe von Leuten zusätzlich gekommen. Wir haben Stühle besorgt vom Hotel nebenan. Es ist unglaublich, welches Interesse an diesem Thema besteht. Also, dann wollen wir mal."

Gemeinsam fuhren sie mit dem Elektrowagen ins Dorf hinein zur Schulaula. Dort war bereits ein reger Betrieb

„Du lieber Himmel", sagte Matthias Zollinger staunend zu Nikolas und Pirmin, „das gibt wohl eine größere Aktion, da muss ich mich aber anstrengen." Er lächelte, aber trotzdem war er nervös. Die Aula war brechend voll, bestimmt waren mehr als 200 Personen im Saal.

Jetzt war der Doktor wieder in seinem Element, charmant begrüßte er alle Anwesenden und freute sich besonders über die Gäste aus Saas Fee und diejenigen, die bereits tags zuvor anwesend waren.

„Für alle diejenigen, die gestern nicht hier waren: Mein Name ist Matthias Zollinger, ich bin Medizindoktor für innere Krankheiten und habe mich auch durch ein Studium der Astrophysik gewissermaßen in dieses Thema hineingearbeitet. Darüber hinaus habe ich mit vielen Kapazitäten gesprochen, die in Bezug auf Astrophysik viel mehr wissen als ich. Durch Diskussionen mit meinem Freund Nikolas Becker, der ein hervorragender Journalist und Rechercheur ist, konnten wir gemeinsam unser Wissen immer wieder erweitern. Sie sehen, wir sind keine besonderen Menschen und schon gar keine Wanderprediger. Durch die langjährige Freundschaft von Nikolas Becker mit Pirmin Taugwalder kamen wir hierher nach Zermatt. Wir wollten einfach einmal mit Menschen sprechen, die eventuell aufgrund der Bergwelt, immerhin befinden sich hier in der Umgebung mehrere Viertausender, Gespräche mit Gott in großer Höhe haben führen können. Die Meinungen in Punkto Höhe und Energie gehen zwar auseinander, aber ich glaube, dass man

Gott vielleicht doch näher ist in großer Höhe. Und sei es nur durch die unendliche Größe der Berge, die an sich schon optisch eine Besonderheit der Schöpfung sind und darauf hinweisen, dass sie nicht einfach ohne Zutun der Allmacht gewachsen sind. Mit der direkten göttlichen Energie hat das allerdings nichts zu tun, die ist in uns allen. Gleich ob wir auf Viertausendern sitzen oder am Meer."

Jetzt machte der Doktor eine kleine Pause, weil das Publikum ihn mit einem großen Applaus bedachte. Er fuhr dann fort: „Um euch allen meinen Grundstandpunkt zu erklären und damit keine falschen Eindrücke entstehen, möchte ich euch sagen, dass der erste Schritt zu Gott das Bewusstsein seiner Existenz ist. Er ist kein Individuum, das Anbetung verlangt; er will unser Freund sein und uns helfen. Allerdings erwartet er, dass wir ihn ansprechen. Jetzt werde ich einmal wissenschaftlich und nenne ein Beispiel: Es gibt eine mathematische Formel, mit der man die Oberfläche von sechsdimensionalen Körpern berechnen kann. Keine Angst, ich höre gleich auf mit der Wissenschaft, ich will euch nicht langweilen. Auch ich kannte die Formel nicht. Also: Gott, ich kann es einfach nicht, bringe mich doch bitte auf eine Idee, wie man das Problem lösen kann. Plötzlich merkt man sehr auffällig, dass diese Nuss sehr gut zu knacken ist. Wir sollten Gott als gesprächsbereiten Freund sehen, er wird uns mit unseren Problemen, kleinen oder großen, niemals im Stich lassen. Egal, wo wir geboren sind und egal, welches Glaubens- oder Religionssystem man uns mitgegeben hat. Also, sprechen wir mit Gott, genau so, wie wir hier miteinander sprechen."

Viele der Zuhörer nutzten die kleine Pause, das gerade Gehörte unter sich zu kommentieren; man spürte regelrecht die Zustimmung. Vermutlich hatte man in dieser Deutlichkeit das Thema „Gott als Freund" noch nicht beleuchtet.

Der Doktor hatte wieder am Tisch, der auf einem kleinen Podium stand, Platz genommen und sofort kehrte absolute Stille im Saal ein. Man spürte die neugierige Erwartungshaltung der Anwesenden. Verwundert fragte Pirmin Taugwalder seinen Freund Nikolas Becker: „Sag' mal, hat der Doktor kein Manuskript oder etwas zum Schreiben dabei, hat er das alles im Kopf?" Nikolas antwortete leise: „Mich verblüfft das auch immer, er hat wohl alles in seinem Kopf, man kann es fast nicht glauben."

Jetzt ergriff der Doktor wieder das Wort: „Ich denke, dass wir uns alle etwas ausgeruht haben von den nicht gerade einfachen Themen. Nun möchte ich euch nämlich berichten, dass vor langer Zeit bereits zu diesem unserem heutigen Thema viele hochkarätige Menschen diskutiert haben, und das auf verschiedenen Ebenen. Im Nachhinein ist es schwierig, diese einigermaßen plausibel zu erklären. Aber ich werde es versuchen. Es mag zunächst sehr kompliziert klingen, ist es aber nicht; das Gottesthema, nennen wir es einfach einmal so, ist schließlich auch kein einfaches. Im Übrigen möchte ich noch sagen, dass am Ende meines Vortrages gerne die eine oder andere Frage gestellt werden kann, wer also etwas wissen möchte: Ich werde mein Bestes geben." Der Doktor lächelte dabei und wieder wurde er mit Beifall bedacht.

Jetzt ergriff der Doktor wieder das Wort: „Zu allen uns bekannten Zeiten wurden Diskussionen geführt über Dinge, die einfach nicht beweisbar waren, die von klugen Köpfen zwar aufgeschrieben waren und die man trotzdem nicht unbedingt glauben konnte. So lud Platon eines Tages eine ganze Reihe von illustren Gästen zu einem Gastmahl ein, zu einem sogenannten Symposion. Jeder der Gäste, Diotima, Pansanias, Eryx, Aristophanes und viele andere sollten einen Beitrag zur Entstehung des Eros liefern. Bemerkenswert ist die Darstellung des Dichters und Philosophen Aristophanes, der zwar ein Komödiendichter war, aber wie so oft liegen Tragödie und Komik nahe beieinander. Ich denke gerade an Lysistrata (übersetzt ‚die Heeresauflöserin'). Sie suchte einen Weg, um die kriegslüsternen Männer von Morden und Totschlagen abzuhalten; Lysistrata und ihre Freundinnen haben die Idee entwickelt, ihren Männern erst dann wieder Sex zu gewähren, wenn sie aufhören würden, ständig Kriege zu führen. Dieser Stoff wurde bis heute zwar komödiantisch aufgeführt, ist aber im inneren Kern sehr ernst: In den 68er Jahren konnte man das Sprichwort ‚fuck for peace' allen Ortes lesen, also die Idee, Sex für den Frieden einzusetzen - so komisch das klingen mag, es ging darum, neurotische und gewaltfreudige Staatsführer Schach matt zu setzen; aber jetzt bin ich abgeglitten in die Psychoanalyse. Und da wollten wir schließlich nicht hin.

Kommen wir also zurück zu Platons Gästen, besonders zu Aristophanes. Dieser kreierte sozusagen den Kugelmenschenmythos. Die Kugelmenschen waren rund, hatten vier Arme und vier Beine. Sie waren ungeheuer stark und streitsüchtig. Zur Strafe exprimierte sie Gott aus sich heraus und teilte jeden Kugelmenschen durch zwei, so dass sie jetzt nur noch zwei Arme und zwei Beine hatten. Aus dem androgynen Kugelmenschen entstand nach der Teilung Mann und Frau. Beide lebten in großer Sehnsucht zueinander. Sie wurden von Gott dazu verurteilt, ihre nicht endende Reise durch Raum und Zeit zu vollziehen, um durch Erfahrung zu lernen: Durch Artikulation ihres Seins durch Geburt und Tod sollten sie lernen, das Sein an sich zu schätzen – ein Seiender zu sein gehört wohl zu den schwierigsten Übungen seit der Vertreibung aus dem Paradies.

Nach dem Kugelmenschen-Metapher taucht die Idee auf, ob nicht alle Lebewesen, die das Universum bevölkern, Exprimate eines androgynen Gottes sind, die nun mit göttlicher Primärenergie ausgestattet die Unsterblichkeit in sich tragen, sozusagen ein Kern mit wechselnder Hülle. Aber: Alles waren Annahmen, es waren zum Teil spannende Geschichten; glaubhaft oder auch nicht. Vielleicht aber unterhaltsam und wissenswürdig.

Fahren wir also fort mit den Geschichten, die schon immer die Menschheit bewegt haben. In der Genesis blies Gott seinen Atem in die Erde und vermittelte ihr somit Leben. Langsam dämmerte auf der Basis dieser Philosophie die Reinkarnationslehre; im Buddhismus und im Hinduismus ist diese Lehre eine Selbstverständlichkeit, im Islam wird sie durch den Suffismus vertreten. Im Konzil zu Konstantinopel (451) war die in der

Bibel verwurzelte Reinkarnationslehre selbstverständlicher Diskussionsgegenstand.

Dies änderte sich mit der Thronbesteigung durch Justinian I (527). Seine Frau Theodora kam aus ärmlichen Verhältnissen und sie schlug die Laufbahn als Berufshure ein. Ihre mentalen Gradienten waren nur auf Geld und Macht gerichtet: Theodora wollte ihrem Mann ebenbürtig sein; viele erfolgreiche Kriege machten diesen zu einem großen Herrscher. Mit Hilfe monophysitischer Mönche riss sie aus der Bibel alle Reinkarnationspassagen heraus und Justinian ließ auf Anraten seiner ungebildeten Frau Ärzte und Philosophen verfolgen. Es kam zu Bücherverbrennungen in Konstantinopel und die von Platon gegründete Akademie in Athen musste geschlossen werden. Die Schriften des Origines (185-254) wurden verboten und verbrannt. Origines war seinerzeit ein bedeutender Interpret der christlichen Reinkarnationslehre.

Im Konzil zu Konstanz (553) wurde die Reinkarnationslehre komplett gestrichen; die Schuld- und Sühnefrage wird in der Reinkarnationslehre weich abgefedert. Für die Amtskirche war aber die ewige Verdammnis das bessere Geschäft; so erklärt sich auch die große Zustimmung der römischen Bischöfe zu den recht plumpen Reformen

Theodoras. Jetzt taucht natürlich eine interessante Frage auf: Lassen sich die metaphysisch-mystischen Vorstellungen mit denen der modernen Naturwissenschaften abstimmen? Man sollte wenigstens den Versuch unternehmen. Jeder Naturwissenschaftler ist sich der Komplexität seines Faches bewusst: Für jeden Wissenschaftler ist es ein Lebenswerk, seine Disziplin zu durchschauen. Dennoch schimmert die Faust'sche Wahrheit hindurch, nämlich dass wir nichts wissen können: Die Gravitationstheorie lässt sich mit wunderbaren Formeln darstellen, aber was ist Gravitation eigentlich? Wie genau funktioniert sie? Und schon stoßen wir an unsere Grenzen. Was ist Masse eigentlich? Und woher kommt die Energie, welche Atome zusammenhält? Auch hier können die schönsten Formeln diese Fragen nicht beantworten. Wie viele Energiefelder gibt es? Wie viele Realitätssysteme gibt es, wenn wir die göttliche Urenergie als Ausgangspunkt annehmen? Sind die Realitätssysteme ineinander verschachtelt oder aneinandergereiht oder beides?

Wie gewaltig die Kräfte sind, die uns umgeben, zeigt die Einsteinformel m=E/c2. Können wir mit dieser Formel etwas anfangen? Sicherlich nicht.

Die theoretische Physik hatte um 1850 folgende Formel für das Verhalten der Massen entwickelt:

$$m = \frac{mo}{\sqrt{1 - (\frac{v}{c})^2}}$$

mo = Ausgangsmasse
m = die durch Geschwindigkeit veränderte Masse
v = Geschwindigkeit
c = Lichtgeschwindigkeit

Man konnte aber auch damit nicht sehr viel anfangen.

Ein amerikanischer Physiker namens Michelson konnte mit seinem Interferometer (um 1900) die Lichtgeschwindigkeit genau messen. Dabei stellte er fest, dass die Lichtgeschwindigkeit, ganz gleich, in welche Richtung sie gemessen wurde, im Universum konstant ist. Bewegt sich ein Planet auf die Erde zu, dann müsste sie größer sein, bewegt sich der Planet von der Erde weg, dann kleiner. Das aber war nicht der Fall. Die wissenschaftliche Welt war erschüttert und es gab ernst zu nehmende Physiker, die als Interpretation dieser Messwerte vermuteten, dass das kopernikanische Weltsystem falsch sei. Sie erklärten die Messbefunde von Michelson damit, dass das Sternensystem doch ein starres Gebilde sei, anderenfalls sich die konstante Lichtgeschwindigkeit nicht erklären ließe. Nun kamen die Formeln von 1850 zum Tragen: Einstein erkannte dies und erklärte als Ursache für dieses Messphänomen die Veränderung der Materie durch Geschwindigkeit. Das kopernikanische Weltsystem konnte somit erhalten bleiben. Ein ungeheuer mutiger Schritt, den Einstein vollzogen hatte: Die Beziehung zwischen Masse, Lichtgeschwindigkeit und Energie konnte mit einfachen mathematischen Manipulationen hergestellt werden – in der allgemeinen Relativitätstheorie wurde das so entwickelt. Das kopernikanische Weltsystem war somit gerettet und das machte Albert Einstein zum Popstar der Physik.

Jetzt habe ich mich doch tatsächlich verplaudert, eigentlich wollte ich von unserem ursprünglichen Thema überhaupt nicht abweichen. Aber jetzt haben wir dem nicht ganz so unwichtigen Albert Einstein auch noch eine kleine Eloge gemacht und euch hat es vielleicht ein wenig Information gegeben."

Der Doktor verbeugte sich wieder vor dem stürmisch applaudierenden Publikum und merkte noch an, dass er sein Versprechen auf jeden Fall halten würde: Man könne ihm später gerne ein paar Fragen zu dem unendlichen Thema stellen, die er, falls er die Antworten wüsste, gerne beantworten würde.

Der natürlich in der ersten Reihe sitzende Schullehrer Elias Hodler nickte wissend und sprach leise mit seinem Sitznachbarn Pirmin Taugwalder. Der stand auf und richtete das Wort an die „verehrten Leute von hier und von außerhalb".

„Draußen im Foyer haben wir ein paar Erfrischungsgetränke gerichtet, bedient euch und in einer halben Stunde könnt ihr eure Fragen dem Doktor stellen."

Wieder ertönte ein Riesenapplaus - schon der Gedanke, dass etwas Kostenloses zu trinken bereitsteht, entzückt jeden Walliser. Und nicht nur die Walliser…

Kapitel 3

„Die Naturwissenschaften braucht der Mensch zum Erkennen, den Glauben zum Handeln.
Religion und Naturwissenschaften schließen sich nicht aus, wie heutzutage manche glauben und fürchten, sondern sie ergänzen und bedingen einander. Für den gläubigen Menschen steht Gott am Anfang, für den Wissenschaftler am Ende aller Überlegungen."

Max Planck, (1856-1947) deutscher Physiker

Die halbe Stunde war gerade verstrichen und der Saal hatte sich schnell wieder gefüllt. Auch der Doktor hatte bereits Platz genommen an seinem Tisch auf dem kleinen Podium. Er schaute kurz in die Runde, dann stand er auf und meinte: „Es ist schön für mich und es freut mich sehr, dass ihr alle wieder gekommen seid, ich dachte schon, dass vielleicht die Hälfte von euch nach Hause gegangen ist, weil es eventuell doch ein wenig langweilig war."

Ein schlanker, großer und gutaussehender Mann aus der ersten Reihe stand auf: „Mein Name ist

Beat Anthamatten, ich komme aus Saas Fee und ich darf sagen, dass keinerlei Langeweile entstanden ist, im Gegenteil. Das, was wir haben hören können, war spannend und informativ. Vor allen Dingen möchte ich dem Doktor ganz großen Dank sagen für seine Mühe. Vielen Dank auch an meinen Freund Pirmin Taugwalder, der das alles hier inszeniert hat, nicht zu vergessen den Schulmeister von Zermatt, Elias Hodler. Ich denke, dass ich für alle Anwesenden hier sprechen kann."

Anthamatten unterbrach kurz, weil tosender Applaus als Bestätigung seiner Worte erfolgte. Er wollte aber noch etwas sagen: „Das mit den Bergen ist so eine Sache. Man sagt uns Berglern nach, dass wir besonders fromm seien, vielleicht sogar bigottisch. Das mag auf einzelne Menschen zutreffen, gleich ob sie im Tal oder auf dem Berg leben. Trotzdem glaube ich, dass man in großer Höhe und Einsamkeit zumindest das Gefühl hat, näher bei Gott zu sein, er uns zuhört und wir ihn besser verstehen können. Ich sage das aus eigener Erfahrung. Mehrere Male war ich auf Viertausendern und jedes Mal hielt ich Zwiesprache mit ihm. Aber jetzt bin ich endlich still und lasse den verehrten Doktor zu Wort kommen."

Matthias Zollinger erhob sich kurz und dankte Beat Anthamatten für seine Worte. „Ich möchte aber gerne noch einen Satz loswerden zu den Bergen. Ihr Bergler habt natürlich recht, auf viertausend Metern Höhe ist die Welt eine andere. Aber fragt einmal Menschen, die am Meer wohnen! Die werden euch sagen, dass sie mit Gott kommunizieren können auf Höhe Null und sogar 50 Meter unter Wasser. Die schon mehrfach angesprochene Energie ist überall, auch hier in diesem Saal und auch in uns direkt. So, das zu diesem Thema. Jetzt nehme ich gerne die versprochenen Fragen entgegen; hoffentlich weiß ich auch die Antworten."

Ganz schnell schossen mindestens 50 Hände nach oben, wie man es in der Schule gelernt hat. Offensichtlich war das Thema dermaßen wichtig, dass sich unzählige Fragen daraus ergaben. Eigentlich auch nicht verwunderlich.

Der Doktor deutete auf einen Mann, älplerisch aussehend, mit einem großen weißen Bart. Dieser stand artig auf und sagte: „Ich bin der Salomon Aufdermauer, ein ganz einfacher Kuhhirte und komme aus Täsch im Mattertal. Wenn ich nachts draußen bei den Kühen bin, frage ich mich schon mein Leben lang, wie viele Sterne es wohl am Himmel gibt? Ob du das weißt, Doktor?"

Der antwortete: „Mein lieber Salomon, unsere Milchstraße besitzt zirka 130 Milliarden Sterne, davon sind ungefähr 219 Millionen Sonnen. Zahlreiche Sonnen haben auch Planeten, also Himmelskörper wie unsere Erde; aber es traut sich niemand, eine definitive Zahl zu sagen. Man weiß es einfach nicht. In Wirklichkeit ist unsere Milchstraße eine Galaxie, also der Teil, den wir mit allen möglichen Hilfsmitteln sehen können. Der Name kam zustande, weil das milchige Band am Sternenhimmel tatsächlich etwas von Milch an sich hat. Verschiedene andere Sternenanhäufungen hat man dann ebenfalls als Galaxie bezeichnet. Jetzt aber kommt das Faszinierende, das für uns kleine Menschen Unfassbare: Wissenschaftler haben im Multiversum 500 Milliarden Galaxien mit Hilfe des Hubble-Teleskops gezählt; sie sind in ständiger Bewegung, triften auseinender oder zusammen. Die Astronomie kann einen Menschen total verändern. Wenn du wissen willst, was Größe ist, mein lieber Salomon, hier findest du sie."

Salomon Aufdermauer, der Kuhhirte, bedankte sich artig und meinte, dass er noch unendlich viele Fragen hätte, er wolle die anderen aber auch zu Wort kommen lassen. Der Doktor blickte in die Runde und sagte: „Die Dame in der fünften Reihe, die mit dem roten Halstuch, welches Thema darf ich ansprechen?" Die Frau stand auf und sagte: „Mein Name ist Elisabeth Zurbriggen, ich war lange Zeit Ärztin und bin jetzt in der ererbten Hotellerie in Saas Fee tätig. Mich interessiert schon lange, ob wir Menschen auf unserer Erde die Einzigen im großen Weltall sind?“

Der Doktor antwortete: „Da hat ein sich besonders intelligent vorkommender Autor ein Buch geschrieben mit dem Titel ‚Planet der Hausaffen – Die Erde ist ein kosmischer Viehstall'. Ich finde das mehr als despektierlich, schon weil es Unfug ist und zudem nicht stimmt. Unsere Erde ist kein Viehstall, sie ist eine Evolutionsschmiede, in der junge und vielleicht nicht ganz so gescheite Seelen Erfahrungen sammeln, um dann letztendlich zu etwas Größerem heranzuwachsen.

Und jetzt sind wir mitten in der Kosmologie und Ufonautik. Es ist außerordentlich töricht, sich gegen die Vorstellung zu wehren, dass wir nicht alleine sind, und es ist narzisstisch zu glauben, dass wir die Einzigen sind in dem wahrscheinlich unendlichen Multiversum. Die Ufonauten beherrschen die Materie und Bewegungstechnologie auf eine Weise, dass man davon ausgehen muss, dass sie uns naturwissenschaftlich und technisch wolkenkratzerhoch überlegen sind. Dass die Machthaber, also die Regierungen dieser Erde, nicht bereit sind, bestimmte Dokumente und beweisbare Wahrheiten anzuerkennen, mag einfach daran liegen, dass ein engstirnig und unwissend gehaltenes Volk leichter ausbeutbar und regierbar ist. Ein Volk, dessen Phantasien sich in den unendlichen Weiten des Multiversums bewegen, wird sicher die nächste politische Wahl nicht für das wichtigste Ereignis halten können; das tun nur diejenigen, die gewählt werden wollen - natürlich nur zum Wohle des Volkes. Die größten Machteinbußen müssten sehr wahrscheinlich alle etablierten und institutionalisierten Religionen hinnehmen. Und zum Schluss der Frage: Gott wagt es, endlos viele Universen zu erschaffen und hat uns Milchsträßler noch nicht einmal gefragt, ob er das überhaupt tun darf? Ich war mit meiner Antwort vielleicht ein wenig frech, aber die Hintergründe sind klar erkennbar, sicher auch für dich, Elisabeth Zurbriggen?"

Diese bedankte sich vielmals bei Matthias Zollinger und fügte noch an: „Ich habe über dieses Thema mit vielen Menschen diskutiert - aber zu dieser Komplexität sind wir eigentlich nie gekommen. Sehr wahrscheinlich ist es die absolute Wahrheit, die momentan leider noch nicht bewiesen werden kann. Leider werden Dokumentationen und Fotos von Piloten bewusst zurückgehalten. Aber der Tag wird sicher bald kommen, da wird die Realität nicht mehr verschwiegen werden können. Ich bin froh, dass du, lieber Doktor, uns gewissermaßen die Augen geöffnet hast."

Der Doktor blickte wieder ins Publikum, natürlich wurden sofort viele Hände erhoben, es gab eben viele Fragen. Ziemlich am Saalende saß ein junger Mann, der wedelte jedes Mal wie besessen mit seiner Hand.

„Jetzt lassen wir einmal einen jungen Mann zu Wort kommen, der ziemlich hinten sitzende mit dem tollen Bürstenhaarschnitt. Was würdest du gerne wissen?"

Der junge Mann stand freudig auf und sagte: „Mein Name ist Hans-Peter Supersaxo, ich bin gebürtiger Zermatter und studiere in Zürich."

Der Doktor unterbrach ihn kurz: „Was studierst du denn?"

„Medizin", lautete die Antwort.

„Aha", meinte der Doktor, „das war eine gute Entscheidung. Dann sind wir ja quasi Kollegen. Also, welche Frage hast du?"

Der junge Student war leicht verlegen, da er mit ‚Kollege' angesprochen worden war, aber jetzt hatte er seine Frage parat: „Eigentlich ist es eine Doppelfrage, die ich habe. Nämlich: Stammen wir Menschen von den Affen ab und im weitesten Zusammenhang dazu: Setzt Gott immer seine

Macht ein? Anders formuliert: Kann und will er das überhaupt?“

Der Doktor überlegte kurz und sagte: „Fangen wir einfach von vorne an. Die Evolutionslinien Schimpansen und Menschen liefen zunächst parallel und haben sich dann getrennt. Der Unterschied in der Evolution zwischen Mensch und Tier ist folgender: Tiere haben zum Urenergiefeld Gott eine direkte und ständige Beziehung oder Verbindung. Sie bekommen von diesem Energiefeld jede nur denkbare Unterstützung für ihr Sein. Die Menschen haben, seit sie die Früchte vom Baum der Erkenntnis gegessen haben, Eigenverantwortung. Und nichts kann sie von der Last der Verantwortung befreien (Bibelmetapher: ‚Vertreibung aus dem Paradies'). Den Menschen, die Bewusstsein für diese Vorgänge erworben haben, ist es möglich, die Hilfe des Urenergiefeldes anzufordern und sie bekommen diese Hilfe auch. Das Urenergiefeld Gott steht jedenfalls in der Mitte, man kann es nutzen oder auch bleiben lassen.

Jetzt möchte ich zum zweiten Teil deiner Frage kommen. Natürlich könnte man hier auch die interessante Variante der Evolutionstheorien behandeln, die Synthese von Lamarquismus und Darwinismus. Die Frage, ob der Mensch vom Affen abstammt oder, ohne die Affen beleidigen zu wollen, die Affen vom Menschen (Gelächter im Saal). Wir haben vorhin schon darüber gesprochen und unsere hochkompetenten Evolutionsbiologen haben sich bereits mit sehr großem Fachwissen dazu geäußert. Dieses Thema hier und heute weiter zu verfolgen, würde den Rahmen dessen sprengen, was wir eigentlich gemeinsam diskutieren wollten. Auch tauchte schon öfter die Frage auf, ob Gott Eltern hat. Sicherlich nicht, weil er schon immer da war und die Chaostheorie die größte Wahrscheinlichkeit hat, richtig zu sein. Das bewusstseinsstarke Hochenergiefeld ist Gott.

Die letzten Fragen lassen sich einfach nicht beantworten, sondern nur stellen. Damit müssen wir uns abfinden. Selbst ganz schlaue Menschen wie beispielsweise der Star unter den Physikern, Stephen Hawkings, gibt in diesem Zusammenhang nur ausweichende Antworten, manchmal sogar falsche.

Warum existiert Gott? Nun, er tut es eben. Das Sein Gottes hat uns Menschen ermöglicht und alles das, was ist. Gäbe es dieses schöpferische Energiefeld nicht, dann gäbe es uns auch nicht. Es ist von Gott gewollt, und wir haben uns damit abzufinden; die Spielregeln unseres Seins sind allerdings teilweise sehr hart.

Die Wurzel aller Rechts- und Unrechtsinterpretationen sind in nur zwei Worten dargestellt: Ursache und Wirkung. Alle wir Wesenheiten haben von Gott die Macht verliehen bekommen, Ursachen zu setzen. Keine Macht der Welt kann aber die Wesenheiten vor den Wirkungen schützen, die sie selbst verursacht haben. Was oft aussieht wie ein göttliches Strafgericht, ist nur das Einfahren von Folgen, die selbst produziert worden sind. In der Geschichte waren Katastrophen meistens Evolutionsbeschleuniger. Nehmen wir beispielsweise die mittelalterliche Pestepedemie: Mit der Pest erlebten die Menschen die Ohnmacht der Kirchen, deren Pestgebete so gut wie nichts bewirkt hatten.

Viele der Pfaffen flohen in Scharen in die ‚gesunden' Gebiete Europas und überließen ihre Schäfchen ihrem Schicksal. Dieses Verhalten führte zu großer Skepsis der Kirche gegenüber und zu Zweifeln an Gott. Die Morgenröte dieser Bewusstseinsstrukturen führte 100 Jahre später zur Aufklärung. Die extreme und manchmal abstruse Macht der Kirche war teilweise gebrochen. Vielleicht war das die Pest auch wert, ketzerisch ausgedrückt.

In Norditalien besetzten arme Bauern nach kurzem Zögern die durch die Pest vereinsamten Herrenhäuser und widersprachen damit dem Oben-Unten-Prinzip, das von der herrschenden Klasse auch heute noch sehr geschätzt wird. In Norditalien wurden durch die Erfahrung der Bauern die Wurzeln zu sozialistischen Philosophien gelegt. Die zugespitzteste Formulierung stammt von Bakunin: Eigentum ist Diebstahl!

So, jetzt hoffe ich, dass ich die Fragen meines Kollegen Hans-Peter einigermaßen habe beantworten können?“

Der strahlte, weil sein neuer Kollege ihn nochmals angesprochen hatte und meinte: „Ja, die Fragen sind beachtlich gut beantwortet. Wobei durch die Antworten bereits schon wieder neue Fragen bei mir aufgetaucht sind. Aber ich werde mich künftig sehr viel mehr mit diesem Thema befassen; ich denke, dass es für und allen beinahe lebenswichtig ist. Vielen Dank für die Mühe, Herr Kollege!“

Der Doktor ergriff wieder das Wort: „Meine lieben Freunde aus den Bergen, ich darf das doch so sagen?“ Frenetischer Beifall setzte ein. „Da wir uns heute noch von Zermatt verabschieden müssen, schlage ich vor, dass wir noch eine Frage zulassen. Ich denke, dass der nicht mehr ganz junge Herr mit der schwarzen Wolljacke in der Mitte des Saales bestimmt eine wichtige Frage hat, ich sehe es ihm an.“ Der Doktor lachte und der angesprochene Herr stand würdevoll auf und stellte sich vor: „Die meisten Leute hier kennen mich natürlich, mein Name ist Josef Karl Stockalper. Ich war lange Jahre Bischof in Brig, der Heimatstadt meiner Vorfahren. Jetzt wohne ich in Zermatt und bin noch kirchlich tätig, natürlich ehrenamtlich: Was mich interessieren würde, lieber Doktor: Wenn ich es richtig verstanden habe, gibt es nur einen einzigen Gott, an den wir glauben, du sicher auch. Dass unsere Kirche gravierende Fehler gemacht hat, wissen wir alle aus der Geschichte. Und große und kluge Männer waren oft verschiedener Meinung in Sachen Gott, Religion und Weltgeschichte. Ich erinnere an Aristoteles oder später auch Galilei. Wie passt das alles zusammen?“

Der Doktor lächelte verschmitzt und meinte dann: „Mein lieber Josef, ich habe fast den Eindruck, dass du mich aufs Kreuz legen willst. Mir ist völlig klar, dass du dich als Kirchenmann mit diesen Themen ausgiebig beschäftigt hast. Wenn ich also meine Überlegungen und die der anerkannten Wissenschaft und Forschung betreffend Gott zusammenfasse, dann steht fest, dass Gott ein Kraftfeld ist mit gigagigantischer Energie, Intelligenz und Willenskraft. In irgendeiner Weise erinnert mich diese Vorstellung über Gott an Arthur Schopenhauers Werk ‚Die Welt als Wille und Vorstellung'.

Wenn Gott ein ubiquitäres Kraftfeld ist, also wenn er allgegenwärtig ist und überall vorkommt, auch in Lebewesen, und sein Sein durch Schöpfungserfahrung ständig wächst, verbleibt uns nur noch Ehrfurcht und Staunen.

Angesichts der Größe göttlichen Seins tauchen zwangsläufig unbequeme Fragen auf: Weshalb erhebt der Papst Anspruch auf Unfehlbarkeit, vor allem bei bewiesener Fehlbarkeit? Möchte das Papsttum Gott gleichkommen?"

Jetzt unterbrach der Bischof den Doktor: „Ich glaube, dass wir jetzt beide auf dem Glatteis herumschlittern, kann das sein?"

Der Doktor antwortete stante pede: „Natürlich kann das sein. Hauptsache ist, wir fallen nicht hin und brechen uns die Knochen. Mir ist schon klar, dass Kirchenleute mit derlei Thesen Probleme haben. Aber gehen wir mal weiter in dieser Sache. Die Akte Galilei zeigt eindrucksvoll die Fehlbarkeit des Papstes. Die Veranstalter des Prozesses gegen Galilei wussten, dass er ein trinkfreudiger Genussmensch war. Der Papst befahl den Folterknechten, ihre Werkzeuge nur zu zeigen und zu erklären, wie sie wirken würden. Der sensible Galilei knickte natürlich ein und widerrief seine astronomischen Theorien: ‚Eppur si muove', und sie dreht sich doch. Der Spruch, es war der Abschlusskommentar beim Prozess von Galilei, mag in das Reich der Legenden gehören, aber es war eben die Theorie von Galilei, der froh war, noch einmal davongekommen zu sein.

Lange vor Galilei schilderte Aristoteles in seinen Tagebüchern: ‚Wenn ich auf dem Meer segle und ein Schiff kommt mir entgegen, erscheint eigenartiger Weise immer zuerst das Segel und dann der Rumpf des Schiffes; benütze man die Logik der Mathematiker, dann müsste die Wasseroberfläche krumm sein.' Möglicherweise hatte die römische Kurie diese Stelle bei Aristoteles noch nicht gelesen, sonst hätte man ihm post mortem noch den Prozess machen müssen.

Papst Johannes Paul II (1978-2005) versuchte eine Synthese und Versöhnung der Kirche mit den Naturwissenschaften. Am 2. November 1992 erfuhr Galilei eine Anerkennung seiner wissenschaftlichen Arbeiten. Die Formulierung ‚Irrtum' des Papstes tauchte allerdings nicht auf, auch hat man sich nicht entschuldigt bei Galilei. Die Versöhnung der Kirche war nur halbherzig und mit viel Drumherumreden verbunden. Die Unfehlbarkeit des Papstes scheint doch als Machtfaktor sehr geschätzt zu sein.

Um zum Ursprungsthema zurückzukommen: Wie sehr Gott den Menschen am Herzen liegt, zeigen zahlreiche Religions- und Glaubenskriege. Kaiser Hadrian (geboren im Jahre 76) führte Krieg gegen die Juden, die unter Führung von Bar-Kochba kämpften. Klare Absicht von Hadrian war, das Judentum niederzukämpfen, und dem römischen Reich eine einheitliche Religion zu stiften. Jupiter sollte der Hauptgott für das römische Reich sein. Analoge Ereignisse gab es auch in Europa: Carolus Magnus ließ 30.000 Sachsen ermorden, weil sie keine Christen werden wollten. Weiterhin gab es die Hugenottenkriege und auch der 30-jährige Krieg spielte eine bedeutende Rolle. Allerdings, und das soll nicht verschwiegen werden, waren auch Hoffnungen auf wirtschaftliche Vorteile Bestandteil der grausamen Kriege.

Zu allen Zeiten gab es superkluge Köpfe, die allerdings auch irrten, trotz großer und beinahe weltweiter Anerkennung. Nehmen wir beispielsweise Stephen Hawking. Er verblüffte die Fachwelt mit seiner Behauptung, ‚schwarze Löcher können nicht strahlen'. Jahrzehnte verwettete er seine Ehre als Wissenschaftler, dass dies nicht möglich sei. Nun aber gelang es, nachzuweisen, dass die schwarzen Löcher doch Strahlung abgeben. Doch Hawking konterte, es gäbe keine schwarzen Löcher. Kollegen versuchten ihm klarzumachen, dass man das nicht so stehen lassen könne. Was geschah? Hawking lenkte ein und behauptete, die Löcher seien nicht schwarz, sondern grau. Auch war Hawking der Auffassung, dass es kein Babyuniversum geben würde; nun aber gelang der Beweis, dass es das doch gibt, und schon wieder musste Hawking widerrufen. Vermutlich scheint Hawking darauf zu warten, dass Gott bei ihm anklopft, um zu beweisen, dass er tatsächlich existiert.

Weshalb ich die letzten Sätze noch gesagt habe: Es gibt wirklich Menschen, die glauben von sich selbst, allwissend zu sein. Aber immer wieder werden sie Lügen gestraft, weil die Evolution permanent fortschreitet, von Gott bestimmt ist und es niemand geben kann, der allwissender ist als Gott.

Und an deine Adresse gerichtet, lieber Josef, ehemaliger Bischof von Brig, darf ich noch sagen: Die Theologen sind meines Wissens immer gut mit den Astronomen ausgekommen, auch wenn die Gespräche oft mit heftigen Diskussionen beendet werden mussten. Ich möchte hier allerdings keinen falschen Eindruck hinterlassen, deshalb schließe ich meine Worte mit dem von mir abgewandelten Ausspruch von Albert Einstein: ‚Naturwissenschaft mit Religion ist hellsichtig und ohne Gott lächerlich'."

Jetzt standen alle auf und applaudierten anhaltend. Pirmin Taugwalder sprach auch noch Worte des Dankes. Schlussendlich stand auch noch Josef Karl Stockalper, der ehemalige Bischof von Brig, auf und bedankte sich sehr mit dem Hinweis, dass er sich sehr freuen würde, bald wieder einmal einen Vortrag in dieser Güteklasse vom Doktor zu hören. „Insbesondere schon deshalb, weil, wie der Doktor auch ausführte, die Evolution ständig weitergeht. Und da sollte man immer wieder informiert werden, sich um Informationen bemühen, um auf dem Laufenden zu sein."

„Wir werden wiederkommen", meinte der Doktor, „allein schon wegen dem Fendant und natürlich dem Horu. Besteigen werden wir es nicht, obwohl Pirmin Taugwalder extra für uns eine Führung gemacht hätte. Zu einer Sonderbesteigung gewissermaßen. Allerdings hat er auch bestimmt gewusst, dass wir das schöne Geschenk nicht annehmen werden. Möglicherweise wegen der uns fehlenden körperlichen Kondition…"

Kapitel 4

„Über Allem stehe die Ehre Gottes, der das große Universum schuf, das der Mensch und seine Wissenschaft in tiefer Ehrfurcht von Tag zu Tag weiter durchdringe und erforsche. Die gelegentlich gehörte Meinung, dass wir im Zeitalter der Weltraumfahrt so viel über die Natur wissen, dass wir es nicht mehr nötig haben, an Gott zu glauben, ist durch nichts zu rechtfertigen. Bis zum heutigen Tag hat die Naturwissenschaft mit jeder neuen Antwort wenigstens drei neue Fragen entdeckt. Nur ein erneuerter Glaube an Gott kann die Wandlung herbeiführen, die unsere Welt vor der Katastrophe retten kann. Wissenschaft und Religion sind dabei Geschwister, keine Gegensätze."

Wernher von Braun, (1912-1977) deutscher Physiker

Wie eigentlich immer hatte Nikolas Becker das Steuer des Mercedes GL übernommen, Matthias Zollinger wollte schlafen; sie waren auf dem Rückweg nach Deutschland.

„Nein, ich schlafe nicht", mit geschlossenen Augen murmelte der Doktor das vor sich hin.

„Ich habe doch überhaupt nichts gesagt“, meinte Nikolas.

„Aber gedacht hast du es. Streite es nicht ab. Ich denke gerade an die Tage in Zermatt und an die liebenswürdigen Menschen dort. Ganz bestimmt können wir die neuen Erfahrungen mitnehmen und auch etwas damit anfangen. Das mit der Einsamkeit auf großer Höhe und die dort oben stattgefundenen Gott-Gespräche, und die wurden ja von mehreren Personen an verschiedenen Orten gewissermaßen geführt, haben mich schon berührt. Wie siehst du das?“

„Ja, natürlich haben sie mich berührt. Ich glaube, dass Bergmenschen prinzipiell eine andere Einstellung haben zu unserem Thema. Sie sind tiefgründiger als Stadtmenschen, nicht so oberflächlich. Dasselbe gilt für Menschen, die am Meer wohnen, auch dort ist eine gewisse Unendlichkeit zu sehen und auch zu spüren. Außerdem: Wir wollten schließlich auch mit anderen Menschen über das Evolutionsthema, über die Hyperenergie Gott, also mit diesen Menschen wollten wir sprechen. Und damit sind wir auch noch nicht fertig. Auch für uns wird vieles klarer und immer verständlicher.“

Eine ganze Weile herrschte Schweigen, der Diesel brummte vor sich hin und der Doktor lag bequem in seinem Sitz. Ob er schlief, wusste man allerdings nicht.

„Jetzt könnte man doch mal einen Kaffee trinken“, mit geschlossenen Augen meinte das der Doktor, genau an der Ausfahrt zum Rasthof ‚Autogrill‘, kurz vor Basel.

„Du hast anscheinend doch den siebten Sinn, mein Lieber, klar, wir fahren hier raus, das passt gut“, entgegnete Nikolas Becker.

Da es für die beiden kein anderes Thema gab, als das, was sie schon die ganzen Tage bewegt hatten, war es natürlich auch beim Pausenkaffee aktuell.

„Ich wollte dich schon dieser Tage einmal etwas fragen, Matthias“, begann Nikolas Becker, „du kannst es bestimmt beantworten. Die sogenannte Gottesenergie wäre überall gleichstark, oben auf dem Matterhorn genauso wie unten am Meer. Gibt es nicht Stätten oder Orte, ich meine, das schon gelesen zu haben, an denen besonders starke Energiefelder vorkommen?“

Matthias machte sich gerade an einem riesigen Stück Kuchen zu schaffen, aber er antwortete stante pede: „Die physikalisch messbaren Felder sind sicher überall unterschiedlich stark, zweifelsohne. Der Begriff ‚Energieknoten‘ stammt übrigens aus dem Buch ‚Gespräche mit Seth‘ – das solltest du unbedingt einmal lesen. Seth ist ein hochrangiger Geist in der Hierarchie, der sich über ein Medium zu spirituellen Energiefeldern äußert, in denen dann Kunst, Wissenschaft und auch Religion besonders erfolgreich sind. Seth meint, dass beispielsweise Karlsruhe, Köln, nahe des Kölner Doms und Istanbul enorm energieintensiv sind und dafür geeignet seien, besonders gute Erfolge zu erzielen im Bereich des Geistes. Also, lese dieses Buch und dann kannst du dir ein Bild machen. Allerdings bin ich der Überzeugung, dass die Alphaenergie Gott überall anzutreffen ist, man muss sie allerdings auch wollen!"

„Da wir so traut hier sitzen, fällt mir noch etwas ein, schon länger wollte ich dich fragen: Wie ist das eigentlich mit den immer wieder und speziell auch bei Kindern gebrauchten Begriffen Himmel und Hölle? Wie kann man das einordnen?" Nikolas schaute seinen Freund Matthias erwartungsvoll an.

Der Doktor blickte sinnend in seine Kaffeetasse und nach einer kleinen Pause sagte er: „Ach weißt du, manchmal muss man sich an den Kopf greifen, wenn solche Dinge quasi propagiert werden: Die Guten kommen in den Himmel, die Bösen müssen in die Hölle. Denke mal ein paar Jahrhunderte zurück – Stichwort Ablasshandel. Wie hieß es doch, so ähnlich jedenfalls: Wenn das Geld im

Kasten klingt, die Seele aus dem Fegefeuer in den Himmel springt. Also, Himmel und Hölle sind Seelenzustände, die überall und auch im terrestrischen Bereich anzutreffen sind. Natürlich sind positive Seelen, die mit ihrem Leben zufrieden waren, in ihrem inneren Himmel. Jammerseelen sind schwer auszuhalten; das Bindeglied zu erfolgreichen Seelen ist das Mitleid. Man versucht wenigstens, den großen Schmerz, den manche aushalten müssen, durch Zuwendung zu lindern.

Und nun fängt der positive Aspekt des „In-der-Hölle-Seins“ an. Der Wunsch wächst, seiner göttlichen Abstammung gerecht zu werden und der All-Liebe mehr Platz zu geben sowie mehr positive auch für andere Menschen nützliche Inkarnationen zu vollziehen. Du siehst, für die sogenannte ewige Verdammnis ist nur wenig Platz. Das alles sind Erfindungen des Klerus, der sich im Wahn wälzt, über alles Bescheid zu wissen, um es dann kommerziell auszuschlachten; die Geschichte hat es wie oft bewiesen, und du kannst es täglich erleben. Gott ist gut und er ist kein Verdammer, aber die Seelen arbeiten an ihrer eigenen Evolution und ihrem Karma. Das tut oft sehr weh, aber es ist besser, einmal durch die Hölle zu gehen, als in alle Ewigkeit dumm zu bleiben.“ Damit schloss

Doktor Matthias Zollinger das Thema Himmel und Hölle, für ihn war das erledigt.

„Um ganz ehrlich zu sein, ganz begriffen habe ich das allerdings nicht", Nikolas Becker blickte verunsichert zu seinem Freund, „wie kann ich an meiner eigenen Evolution und an meinem Karma arbeiten? Wie soll das gehen?"

Nikolas schaute gespannt zu Matthias. Der meinte knapp: „Gerade habe ich es dir erklärt. Und jetzt wird es langsam Zeit, dass wir weiterfahren, wir haben noch zwei Stunden Autobahn vor uns, mein Lieber. In drei Wochen muss ich den ganzen Weg und noch mehr schon wieder fahren, es ist ein Jammer!" Schon fast Mitleid heischend blickte der Doktor zu Nikolas, sicher auch in Erwartung der kommenden Frage.

„Wieso musst du den Weg schon wieder fahren?" Nikolas Becker gab jetzt ordentlich Gas, immerhin hatten sie mittlerweile die Grenze in Basel passiert und auf der deutschen Autobahn freie Fahrt.

Der Doktor entgegnete: „In drei Wochen findet in Genua ein sehr interessanter Internistenkongress statt, da möchte ich unbedingt dabei sein. Es gibt permanent Neues in der Medizin und deren Umfeld, die hochkarätigen Referenten garantieren das. Außerdem trifft man immer alte Freunde oder gute Bekannte."

„Nach Genua kann man auch fliegen, mein Lieber. Hast du das nicht gewusst? Bist halt ein weltfremder Mensch", Nikolas Becker dachte aber schon weiter, „zu dem Thema Genua fällt mir etwas ein, nämlich das Meer. Und wir hatten in Zermatt intensiv darüber gesprochen, dass das Hochenergiefeld Gott sowohl in Tausenden Metern Höhe als auch in Höhe Null, also auf Meereshöhe, die gleiche Intensität besitzt. Trotzdem haben die jeweils dort lebenden Menschen eigene Erfahrungen gemacht in Sachen Kontakte und Gespräche mit Gott," jetzt unterbrach der Doktor und fragte „auf was willst du denn hinaus? Das Thema ist doch geklärt."

„Nein, das ist es nicht. Wir wollten die verschiedenen Menschen befragen und daraus unsere Schlüsse ziehen, unser Wissen mit den gemachten Erfahrungen kombinieren. So war es doch, oder?"

Der Doktor blinzelte schon fast resigniert und meinte dann: „Ja, so war es. Und eigentlich hast du nicht unrecht, wenn du glaubst, dass wir noch mehr in die Tiefe gehen sollten. Im wahrsten Sinne des Wortes!"

Nikolas Becker fuhr dann fort: „Ich habe einen alten Freund, sicher kennst du ihn auch, er heißt

Willy Ehmann, er hat mehrere Geschäfte, darunter eine wunderschöne Chocolaterie und auch einen hochkarätigen Friseursalon, in dem sich nicht nur Prominente treffen, sondern auch Künstler und Designer. Du weißt ja, dass Friseure oft besonders belesene Leute sind und durch Kontakte mit ihrem Publikum sehr viel erfahren und wissen, allerdings sind sie eben auch schweigsam. Er ist mit einer Italienerin verheiratet und hat geschäftlich oft in Italien zu tun. Mit ihm war ich vor zwei Jahren in Carrara, das kennst du sicher, Stichwort Marmor. Unweit von Carrara liegt ein kleines Städtchen namens Marinella di Sarzana. Jetzt schaue nicht so ungeduldig, ich komme gleich auf den Kern der Sache.

Jedenfalls war ich mit meinem Freund Willy Ehmann dort, er wohnte nämlich vor einigen Jahren für längere Zeit in diesem Ort. Gegenüber seiner damaligen Wohnung liegt ein wunderschönes, kleines Restaurant, wir waren dort zum Mittagessen. Im davorliegenden Garten, der sehr hübsch mit vielen Blumen und Palmen ausgerichtet war, auch die Tische waren sehr schön dekoriert, saß mitten in diesem Garten ein Mann, zunächst dachte ich, es handle sich um eine entsprechende Puppe. Schwarzer Anzug, großer schwarzer Hut und eine Sonnenbrille, die das komplette Gesicht verdeckte. Ich fragte Willy, was mit diesem Scherz denn gemeint sei. Er meinte nur beschwichtigend, ich solle still sein, ich würde es gleich erfahren. Natürlich erfuhr ich es sofort: Als diese vermeintliche Puppe uns kommen sah, sprang sie auf, kam auf uns zu uns umarmte meinen Freund lange und heftig. Im Stakkato unterhielten sich die beiden, natürlich Italienisch, aber es nahm schließlich doch ein Ende. Ich erfuhr, dass dieser alte Mann ‚der Ritschi' ist, eigentlich heißt er Severino Ricci. Die beiden kannten sich aus der Zeit, in der Willy gegenüber gewohnt hatte. Für mich sah dieser Mann aus wie der geborene Mafioso. Aber: Die riesige und alles verdeckende Sonnenbrille machte in dem Moment Sinn, als er sie abnahm. Das ganze Gesicht war entstellt von vielen Brandnarben. Zwischenzeitlich hatte Ritschi in die Hände geklatscht und sofort kam ein Kellner, verbeugte sich vor seinem Chef und nahm die Anweisungen entgegen. Sehr schnell kam er zurück mit einem riesigen Tablett, auf dem ein überdimensionaler Eiskübel, gefüllt mit diversen Flaschen stand. Ich sah Weißwein, Rosato, San Pellegrino, Cynar und weitere Flaschen. Der Kellner wollte eigentlich nach unseren Wünschen fragen, aber er wurde mit einem ‚tsch-tsch' von Ritschi einfach verscheucht. Das nach den Wünschen seiner beiden Gäste fragen, das Verteilen und Einschenken behielt sich der Chef vor, er zelebrierte das alles mit einer unglaublichen Eleganz, ich werde es nie vergessen. Ritschi spricht übrigens ein perfektes Deutsch und er erzählte sofort die Geschichte seines Lebens. Willy hatte diese wohl schon viele Male gehört, aber er ließ Ritschi gerne zu mir sprechen. Im Zweiten Weltkrieg hatte er oben in den Sarzana-Bergen gekämpft. Seiner Rede nach müssen es unglaubliche und furchtbare Kämpfe gewesen sein, vermutlich wurden sie auch mit zunehmendem Alter von Ritschi immer fürchterlicher.

Jedenfalls kam er in das Feuer einer Brandbombe, beinahe hätte es ihn das Leben gekostet. Als die Geschichte beendet war, bekreuzigte sich Ritschi, blickte gen Himmel und sagte laut ‚grazie, grazie'. Er ist, wie ich bereits von Willy wusste, ein sehr gläubiger Mensch, allerdings nicht bigottisch und auch kein Kirchgänger. Er hat seine eigene Art, mit Gott zu kommunizieren Und Ritschi selbst erzählte, dass man ihm ‚von oben' Schutz gegeben hätte. Noch heute würde er täglich ans Meer gehen und viele Dinge mit Gott besprechen und ihm auch danken.

Ritschi hat fast die gleiche Stimme wie Marlon Brandos Synchron-Stimme in dem berühmten

Film ‚Der Pate' – das machte alles beinahe noch unwirklicher."

„Jetzt ist mir klar, wie es weitergeht", der Doktor lächelte milde, „dann seid ihr mit diesem Ritschi sicher ans Meer gegangen…"

„Du hast es erkannt, genau. In der Dämmerung liefen wir die Straße hinunter, überquerten die Hauptstraße und standen im Sand, direkt am Meer. Ritschi nahm drei kleine Stühle, die von den Strandgästen noch herumstanden, und trug sie bis fast ins Wasser; er bedeutete uns, dass wir uns setzen sollten. Und da saßen wir schweigend und an den noch fast roten Horizont und auf die Unendlichkeit des von der bereits untergegangenen Sonne noch rosa schimmernden Meeres blickend. Ein eigenartiges, beinahe ehrfürchtiges Gefühl beschlich mich…"

Der Doktor meinte, dass man da doch mal vorbeifahren könne, um diesen interessanten Mann einmal zu besuchen, nämlich dann, wenn er in Genua wäre.

„Ja was hast du denn gedacht, genauso habe ich das bereits vorhin in meinem Kopf konzipiert", Nikolas Becker sagte das sehr ernst und ein wenig würdevoll.

„Ich habe es mir schon gedacht, du alter Konzipierer", meinte der Doktor und fuhr fort: „Wie alt ist denn dieser Signore Ricci, er muss doch schon sehr alt sein, wenn er im Krieg so tapfer gekämpft hat?"

Nikolas antwortete leicht pikiert: „Das klingt so zynisch von dir, mein Freund. Was hast du denn? Ritschi ist 94 Jahre alt, plus-minus vielleicht zwei Jahre. Er ist nicht nur der geborene Patriarch, er ist auch ein sehr kluger Kopf. Er ist geistig und körperlich topfit. Aber du wirst ihn schließlich kennenlernen, dann kannst du dir selbst ein Bild machen."

Der Doktor antwortete: „Es sollte wirklich nicht zynisch klingen, manchmal ist das eben meine Art von Humor. Jedenfalls werden wir die Möglichkeit haben, Vergleiche zu ziehen zwischen unseren Matterhorn-Freunden hoch oben und dem Signore Ricci, ich bin sehr gespannt."

Kapitel 5

„Gott ist die erste Ursache aller Dinge: Denn die beschränkten Dinge, wie alles, was wir sehen und erfahren, sind zufällig und besitzen nichts, was ihnen notwendige Existenz verleiht; ist es doch offenbar, dass Zeit, Raum und Materie, an sich einheitlich und gleichförmig und gegen alles gleichgültig, andere Bewegungen und Gestalten in anderer Anordnung erhalten konnten. Es gilt also, den Grund für die Existenz der Welt, als den Zusammenschluss aller zufälligen Dinge, aufzusuchen, und zwar von der Substanz, die den Grund für die Existenz in sich selbst trägt und die darum notwenig und ewig ist.“

Gottfried Wilhelm Freiherr von Leibniz (1646-1716), deutscher Philosoph und Mathematiker

Es war September, ein sehr schöner Herbst hatte sich angekündigt, und in Marina di Carrara war es fast noch sommerlich, aber auch mit einem kleinen herbstlichen Einschlag. Nikolas Becker hatte detailliert alles mit seinem Freund Willy Ehmann besprochen; dieser hatte ‚Ritschi‘ Severino Ricci bereits informiert über das Wissen des Doktors und den Besuch angekündigt. Ritschi war Feuer und Flamme fürr das Angebot, dass ein so kompetenter Mann sich über die angeführten Themen mit ihm und vielleicht noch anderen Freunden, die ihm nahestanden, unterhalten wollte.

Die Termine wurden passend gemacht und die Zeiten waren genau abgestimmt. Willy Ehmann hatte geschäftlich in Parma zu tun, anschließend wollte er ohnehin noch ein paar Tage hinunterfahren nach Carrara. Eine Stunde Fahrzeit in dieser wunderschönen Landschaft, die sich von den Bergen hinunterzieht bis ans Meer, ist immer wieder, auch für Willy, ein Erlebnis.

Im Hotel ‚Tenda Rossa' in Marina di Carrara hatte Willy Ehmann bei seinem Freund Marco, dem Hotelbesitzer, drei Zimmer gebucht, mit großer Terrasse, von der aus man fast ins Meer springen konnte; dazwischen lediglich eine kleine Straße, umsäumt mit vielen kleinen Restaurants, die jeweils einen eigenen Badeplatz am Meer für ihre Gäste unterhielten.

Matthias Zollinger, der Doktor, kam von seinem Kongress in Genua direkt mit dem Zug nach Carrara. Natürlich hatte er einen Flug der langen Autobahnfahrt vorgezogen; Nikolas Becker kam mit dem Auto, und zurück konnten die beiden dann gemeinsam fahren – Willy Ehmann fuhr ohnehin noch nach Parma.

Pünktlich um 12 Uhr kam der Doktor in Carrara mit dem Zug an, er wollte partout mit ‚der italienischen Eisenbahn' fahren; natürlich holten ihn Willy und Nikolas am Bahnhof ab – nach der Begrüßung meinte der Doktor sehr jovial: „Na, wie habe ich das alles organisiert?"

„Der große Organisator hat gesprochen; hoffentlich hast du auch Hotelzimmer, ein Auto für die Rückfahrt und einen Tisch bei Ritschi bestellt", Nikolas Becker sagte das mit einem Unterton, der sich nach leichter Beleidigung anhörte.

„Mein Gott", der Doktor wirkte sehr erschrocken, „man wird ja auch einmal einen Scherz machen dürfen, ich entschuldige mich hiermit in aller Form."

Willy Ehmann wirkte leicht konsterniert und kommentierte das alles mit einem: „Hoffentlich bessert sich das wieder. ‚Auf, auf, sprach die Stute zum Hengst, die anderen trinken schon längst'. Marco hat nämlich unten im Hotel ein kleines Büfett mit ordentlichen Aperos für uns vorbereitet. Man sollte keine Zeit vergeuden…"

Der Tag verging inklusive einem nach dem reichhaltigen Büfett und den ausgedehnten Aperos notwendigen Mittagsschlaf auf der Hotelterrasse.

Der frühe Septemberabend zeigte sich von seiner schönsten Seite: Es war noch angenehm warm, die Luft roch nach Salz, und wenn man um die Ecke der Terrasse blickte, konnte man die weißen Marmorberge mit ihren pittoresken Steinbrüchen im Hintergrund, oberhalb Carraras, sehen; sie waren jetzt nicht mehr knallweiß, eher zartrosafarben, von der untergehenden Sonne bestrahlt. Ein unvergessliches Bild.

Pünktlich um 17 Uhr hielt ein Fiat-Kleinbus mit der riesigen Aufschrift an der Seite „Ristorante Ricci – Marinella di Sarzana". Natürlich hatte Freund Willy das organisiert, er meinte beiläufig, dass man sicher im Laufe des Abends ein Gläschen Wein trinken würde, deshalb sollte man sich fahren lassen mit solch einem eleganten Fahrzeug. Der Fahrer war ein Sohn von Severino Ricci, er sah aus der Ferne aus wie sein Vater. Schwarzer Anzug und große dunkle Sonnenbrille waren offenbar die Markenzeichen der Familie. Sehr galant begrüßte er seine Fahrgäste und platzierte sie in dem Bus.

Die Fahrt nach Marinella di Sarzana dauerte nur ein paar Minuten, und schon stand der Fiat-Bus vor dem Restaurant-Garten. Genau in der Mitte hatte Ritschi einen riesigen runden Tisch stellen lassen; mindestens 12 Stühle standen um den Tisch, nicht die üblichen Gartenstühle, es waren gepolsterte mit rotem Samt überzogene und sehr elegante Stühle. Das Wetter ließ es schließlich zu, dass diese wertvollen Stücke im Freien stehen durften. Einsam und allein saß Ritschi an dem Tisch, wie immer im schwarzen Anzug und dunkler Sonnenbrille, heute allerdings mit einem weißen Seiden-Einstecktuch in beachtlicher Größe. Mit einer Begrüßungszeremonie sondergleichen begann der Abend: Willy Ehmann und Nikolas Becker wurden mehrfach umarmt, die beiden kannte Ritschi.

„Und das muss der berühmte Dottore sein, stimmt doch?“ Ritschi schüttelte Matthias Zollinger sehr lange die Hand und schlug ihm mehrfach auf den Rücken.

„Ich habe noch ein paar Freunde eingeladen“, Ritschi schaute aufmerksam in die Runde, „und ich hoffe, dass niemand von euch etwas dagegen hat. Einen Professore aus Siena, Giorgio, er ist so etwas wie Mathematiker, dann kommt Enrico, er ist mit mir in den Sarzana-Bergen gewesen während des Krieges, er wurde auch verletzt, aber nur ein paar Splitter haben ihn am Arsch getroffen“, jetzt lachte Ritschi herzhaft, „und darauf war

Enrico auch noch stolz. Er war lange Jahre Direktor in dem Carrara-Marmor-Geschäft und scheint dort oben in den Bergwerken spezielle Erfahrungen mit der Göttlichkeit gemacht zu haben. Jedenfalls hat er in seinem Schlafzimmer riesige Teleskope und Ferngläser installiert, mit denen er, so oft es das Wetter zulässt, den Himmel beobachtet. Allora, dann wird noch erscheinen, ich sage extra das Wort erscheinen, seine Heiligkeit Francesco, er war einmal Priester, aber ich glaube fast, er ist Atheist. Er ist merkwürdig, aber trotzdem ein kluger Kopf und lieber Freund.

Dann kommen noch zwei Verrückte, Emilio und Umberto, sie arbeiten bei der Allitalia als Piloten und fliegen mit ihren Flugmaschinen manchmal auch den Papst durch die Gegend. Sie sind wirklich gute Freunde, sie wohnen zusammen hier um die Ecke. Manche Leute sagen, sie wären schwul, aber das ist mir egal. Das ist immer noch besser als gar nichts. Sympathie und Freundschaft zählen bei mir. Stimmt doch, Willy?“ Jetzt schlug er Willy mit der flachen Hand auf den Kopf, wohl ein Zeichen der besonderen Freundschaft. Der nickte nur und sagte: „Ritschi, du Verbrecher, ich würde gerne zurückschlagen, aber dann ist deine wertvolle Sonnenbrille am Arsch!“ Ein rauer aber herzlicher Ton herrschte zwischen den beiden.

Jetzt kamen auch schon die ersten von Ritschis geladenen Freunden, es dauerte keine fünf Minuten, dann waren die Gäste komplett. Es wurde mehrfach betont, dass Ritschi großen Wert auf Pünktlichkeit legen würde; niemand würde es wagen, wenn Ritschi einlädt, unpünktlich zu sein. Offenbar hatte Ritschi sein von Willy erworbenes Wissen über den Dottore im ganzen Dorf herumerzählt, denn die Anwesenden begannen bereits, Fragen zu stellen an den Dottore.

Enrico, der ehemalige Marmorchef, sagte gleich zu Beginn: „Erst einmal wollen wir alle danken, dass du, Dottore, uns mit deinem Wissen begeistern wirst. Du musst übrigens nicht ganz von vorne anfangen, wir treffen uns oft und sprechen, oder besser gesagt diskutieren, über Gott und das Universum, wir wissen einiges darüber…"

„Stop," Ritschi schlug mit seinem Messer an ein Glas, „jetzt essen wir zuerst und trinken, dann wird gesprochen. Der Dottore wird uns, wie mir Willy verraten hat, auch einen interessanten Vortrag halten über die Galaxien, über das Weltall und auch über Gott. Nach dem Essen. Ist doch so, Dottore?" Der sagte das einzige Wort aus der italienischen Sprache, dessen er mächtig war: *Naturalmente!*

Nach dem vorzüglichen Fischessen, sprich Fisch in allen Variationen, und dem herrlichen Wein aus dem eigenen Weingut von Ritschi, das in den Hängen der Sarzana-Berge liegt, war die Zeit des Dottore gekommen:

„Ich freue mich sehr, dass ich hier bei euch sein kann. Mein Name ist Matthias Zollinger, ich bin Doktor der Medizin und Astrophysiker. Nennt mich wie ihr wollt, drei Begriffe könnt ihr euch aussuchen, nämlich meinen Vornamen, meinen Nachnamen oder meinen Titel." Jetzt klatschten alle und riefen: „Bravo, bravo, Dottore."

Dieser lächelte und fuhr fort: „Dass Gott kein alter Mann mit weißem Bart ist und in einem goldenen Sessel sitzt, dürfte jedem von uns klar sein. Gott ist ein bewusstseinsstarkes Hochenergiefeld, das in seinem Ausmaß dermaßen stark ist, dass es durch einen Akt des Wollens Galaxien aus sich heraus exprimieren kann, die sich nach vorgegebenen Gesetzen bewegen. Das zunächst, ich komme später nochmals auf die Galaxien zurück.

Kann es sein, dass ein gewisser Gott eine Eigenschöpfung der Kirche ist? Dass womöglich die Kirchen-Oberen Gott so gestalten, wie sie ihn brauchen? Im 12. Jahrhundert hat die Kirche das Zölibat eingeführt mit der Behauptung, Gott wünsche sich von seinen Priestern Geschlechtslosigkeit. Hinter den Mauern aber verhandelte man darüber, wie man sich von der Alimentierung der von Priestern gezeugten Kinder drücken könne. Übrigens war Jesus kein Frauenfeind, im Gegenteil, immerhin war die schöne Magdalena seine Lebensbegleiterin. Der geniale Leonardo da Vinci hat in seinem weltberühmten Bild ‚Das Abendmahl' Magdalena direkt rechts neben Jesus sitzend dargestellt, sozusagen als 12. Jünger. Magdalena ist heute noch wie ein im Hals der Kirchen-Oberen steckengebliebener Knochen…"

Jetzt klopfte die Runde Beifall an den Gläsern und man spürte, dass ihnen die vom Dottore dargestellte Situation von Jesus und der Kirche außerordentlich gefallen hatte. Mit einem *salute tutti* war wieder Ruhe eingekehrt.

Der Dottore blickte in die Runde, alle Teilnehmer des runden Tisches schwiegen und fixierten Matthias Zollinger; nur von den Nebentischen hörte man leises Gemurmel und das Klappern von Besteck, Porzellan und Gläsern; den Gesichtern nach zu schließen, waren wohl einige Gäste dabei, die interessiert den Gesprächen zuhörten.

„Ich habe euch, meine lieben Freunde, vorhin angekündigt, dass ich noch einiges über die Galaxien sagen möchte", dabei setzte er sich seine große Lesebrille auf die Nase und zückte ein schwarzes

Etui aus seiner Tasche, das mit Notizzetteln vollgestopft war. Er zog ein paar heraus, eigenartiger Weise wusste er genau, welche er brauchte. Die legte er vor sich hin und sprach weiter zu seinen Zuhörern: „Ich bitte um Nachsicht, alles habe ich nicht im Kopf, es gibt ein paar Zahlen, die muss ich ablesen. Kommen wir also zu den Galaxien. Es sind gewissermaßen Welteninseln mit jeweils Ansammlungen von Sternen und Planetensystemen. Unsere Galaxie ist eine sogenannte Scheibengalaxie mit ungefähr 200 Milliarden Sternen. Sie hat eine Ausdehnung von zirka 100.000 Lichtjahren und eine Dicke von 3.000 Lichtjahren. Das schwarze Loch in der Mitte der Galaxie hat einen Durchmesser von zirka 16.000 Lichtjahren.

Um, zum besseren Verständnis, zur Größe eines Lichtjahres etwas zu sagen: Die Entfernungseinheit ‚Lichtjahr' gibt die Strecke an, die das Licht in einem Jahr zurücklegt. Pro Sekunde legt das Licht 300.000 Kilometer zurück, und auf ein Jahr hochgerechnet entspricht ein Lichtjahr einer Entfernung von 9,4 Billionen Kilometern.

Umberto und Emilio, die beiden mir gegenüber sitzenden Piloten werden mit diesen Entfernungen wahrscheinlich nicht zurecht kommen, oder sehe ich das falsch?"

Die beiden lachten, klopften auf den Tisch und meinten, an ihnen läge es sicher nicht, die Maschinen würden nichts taugen, sie seien zu schwach.

„Um noch ein paar interessante Zahlen zu nennen", jetzt nahm der Dottore einen seiner Zettel in die Hand, „unser nächster Nachbar ist die Andromeda-Galaxie, die Entfernung zu ihr beträgt 2,8 Millionen Lichtjahre. Wobei ich der Korrektheit halber sagen muss, dass diese unfassbaren Entfernungsgrößen nicht exakt messbar sind, wie sollte das auch gehen. Daher liest man oft verschiedene Zahlen, aber bei diesen Größenordnungen spielen ein paar Lichtjahre plus oder minus keine Rolle; es geht einfach um die ungefähre Darstellung, wobei die Forscher der Wirklichkeit zunehmend näher kommen.

Übrigens: Habt ihr gewusst, dass „Galaxie" aus der griechischen Sprache kommt und mit dem Wort ‚Milchstraße' übersetzt wird? Wenn wir bei klarem Wetter, heute zum Beispiel, in den Himmel blicken, können wir unsere Milchstraße sehr gut sehen. Sie sieht wirklich wie eine milchige große und lange Straße aus."

Der Doktor machte eine kleine Pause, weil Ritschi seine große Sonnenbrille, die er immer trug, abnahm und in den Himmel blickte; mit ihm natürlich alle seine Gäste, die am runden Tisch saßen. Auch viele andere Gäste, deren Tische in der Nähe standen, blickten in den Sternenhimmel. Womit klar war, dass sie der deutschen Sprache ebenfalls mächtig waren und somit auch den Worten des Dottore lauschten.

Jetzt nahm der Dottore den Faden wieder auf: „Wir sprachen zuletzt von den Galaxien; insgesamt betrachtet sind sie mitunter in Haufen mit anderen Galaxien zusammen, jetzt kann man sich die ungeheuren Dimensionen eigentlich schon nicht mehr vorstellen. Die Ultra-Deep-Field-Aufnahmen des Hubble-Teleskops aus dem Jahre 2004 führten zu dem Ergebnis, dass man die Anzahl wahrnehmbarer Galaxien auf 50 Milliarden schätzte. Die Galaxien entfernen sich ständig voneinander, was heißt, dass der wahrnehmbare, ich betone nochmals, nur der wahrnehmbare Weltraum immer größer wird; im Weltraum findet man Objekte größter Helligkeit, sie heißen Quasare (quasi stellar object). Das Auseinanderstreben der Galaxien wird vermutlich durch die dunkle Energie verursacht. Der Antagonist zur dunklen Energie sind die schwarzen Löcher.

Jetzt muss ich der Ordnung halber noch auf den Mikrokosmos kommen, selbst auf die Gefahr hin, dass euch das langweilt, aber es gehört dazu. Dem Großen Universum steht der Mikrokosmos der

Elementarteilchen gegenüber. Ein Atom besteht aus Protonen, Neutronen und Elektronen. Protonen und Neutronen bestehen aus Quarks; weitere Elementarteilchen sind Leptonen, Mesonen, Baryonen, Higgs-Bosonen, Gluonen und weitere. Zu den kleinsten Elementarteilchen gehören die Strings (Faden, Saite). Die Länge eines Stringteilchens wurde auf 1,6162412 mal 10 hoch minus 35 Meter berechnet.

Also ich weiß nicht, lieber Ritschi und ihr lieben Freunde, reicht es euch nicht, sollen wir diese Themen jetzt nicht beenden? Ritschi hat mir vorhin gesagt, dass wir nachher noch gemeinsam ans Meer hinunter spazieren wollen", Matthias Zollinger schaute fragend in die Runde. Und Ritschi nahm sofort das Wort: „Ich meine, lieber Dottore, du könntest uns noch ein Thema übermitteln, oder? Was meinen meine verehrten Freunde hier am Tisch?"

Francesco, der ehemalige Priester und laut Aussage von Ritschi Atheist, ergriff die Gelegenheit, etwas zu sagen, die ganze Zeit saß er regungslos auf seinem Platz und hörte gebannt zu; jetzt war seine Zeit gekommen: „Dottore, als Kirchenmann darf ich dir sagen, dass nicht alles mit unseren Regeln, aber auch nicht mit unserem Wissen, konform geht, was du uns vorgetragen hast. Trotzdem: Pauschal muss ich zugeben, dass viele Dinge bei uns auch nicht glaubhafter sind als die, die du aufgrund wissenschaftlicher Forschungen uns erklärt hast. Weil ich diese Einstellung gewissermaßen nicht geheim halte, bezeichnet man mich als Atheisten. Das ist absoluter Unfug, reine Atheisten gibt es überhaupt nicht. Irgendetwas glaubt jeder, auch wenn es manchmal totaler Quatsch ist. Wenn man an keine Religion glaubt, ist man deshalb kein Atheist. So, das war mein Beitrag für den heutigen Abend. Und wenn der Dottore uns noch ein Thema vortragen kann, würde sicher nicht nur ich mich freuen."

Ritschi sagte auf seine bestimmende und patriarchalische Art: „Wenn der Dottore noch kann und will, wir alle würden uns sehr freuen. Außerdem ist es noch nicht spät, wir haben noch Zeit zur Genüge, unseren Spaziergang ans Meer zu machen."

Der Dottore freute sich natürlich über die allgemeine Zustimmung: „Meine lieben Freunde, ich bin mir der großen Ehre bewusst, dass ihr meine Ausführen noch weiter hören wollt. Die Themen sind schließlich kompliziert, aber sie sind auch alle ein Stück unseres Lebensinhaltes. Unbestritten ist, dass Gott ein geniales Hochenergiefeld ist, das aus sich heraus Entitäten, also Seiendes, welches nicht näher zu spezifizieren ist, produziert und das seine eigenen Wege gehen kann. Gott hat den Menschen, die sich mit ihrer spirituellen Entwicklung mitunter sehr schwer tun, Propheten geschickt, die energetisch von Gott mit dem Wissen ausgestattet sind, den Versuch zu unternehmen, Gott den Geschöpfen klar und deutlich zu machen. Denkt bitte beispielsweise an Christus, Mohamed, Zarathustra und andere. Allerdings hatten dann die Anhänger der Propheten, aber auch Schriftgelehrte und Philosophen, die ungünstige Eigenschaft, einen eigenen Gott zu kreieren, der ihrem persönlichen Horizont entsprechen sollte. Das führte schlussendlich dazu, dass der wirkliche Urenergie-Gott stark verzerrt wurde, und so erschufen die Menschen einen Gott nach ihrem Bilde und ihrem Anthropomorphismus.

In vielen Religionen finden wir eine starke Ausprägung des Anthropomorphismus, in denen Götter ausgesprochen menschliche Züge tragen. Auch im Alten Testament werden Gott menschliche Eigenschaften und Züge zugeschrieben.

Die Position des Islam ist eigentlich korrekter: Anthropomorphistische Gedanken über Gott stützen sich auf den Koran, in dem von Körperteilen wie Gesicht, Augen oder Hände gesprochen wird, sowie die Aussage in Genesis 1:27, dass Adam ‚nach seiner Gottesgestalt' geschaffen wurde; sie wurde den Muslimen über das Hadith vermittelt. Das koranische Argument sprach aber gegen jeglichen Anthropomorphismus und ist in der Koran-Sure 42:11 zu lesen: ‚Es gibt nichts, was ihm (Gott) gleichkommen würde'. Ich finde, liebe Freunde, dass das auch gut und klar im Koran definiert ist; es ist sicher glaubhaft.

Jetzt möchte ich das Thema weiterführen zu dem, was von teilweise wirklich klugen Propheten und Lehrern geschrieben wurde. Selbst das, was umdefiniert, geändert, erweitert oder verkürzt wurde, muss deshalb nicht schlecht sein, selbst wenn es an der Wahrheit insofern vorbeigeht, weil die wirkliche Wahrheit niemand kennt.

Wir müssen unterscheiden zwischen dem Alten Testament und dem Neuen Testament. Vielleicht interessiert es euch: Das Alte Testament wurde, wie Wissenschaftler vermuten, erst einige hundert Jahre nach den dort beschriebenen Ereignissen, quasi im Nachhinein, geschrieben, durch Hören-Sagen umgeschrieben oder ergänzt. Gehen wir zum 1. Buch Mose. Es beginnt mit der Schöpfung der Welt in sieben Tagen. Gott hätte demnach sechs Tage gearbeitet, das alles hört sich beinahe an wie der Bericht einer Handwerkertruppe:

1. Das Licht und damit Tag und Nacht wurden geschaffen.
2. Das Himmelsgewölbe wird errichtet. Es soll das Wasser unter der Erde vom Wasser über der Erde trennen. Dabei wird auf das antike Weltbild Bezug genommen, wonach über dem Firmament wieder Wasser sei.
3. Land und Wasser werden getrennt und Pflanzen werden erschaffen.
4. Himmelskörper werden am Himmelsgewölbe angebracht.
5. Meerestiere und Vögel werden erschaffen.
6. Landtiere und zuletzt weibliche und männliche Menschen werden erschaffen.
7. Jetzt ist Sabbat: Gott ruht, somit erschafft er den Ruhetag.

Über die Vorgeschichte der Erde, also was vor dem allem war, wird lediglich ein kleiner Satz gesagt, nämlich ‚Die Erde war wüst und leer'. Und von Zeiträumen oder Zeitspannen ist überhaupt keine Rede.

Kommen wir bei dieser Gelegenheit zu den zehn Geboten, die Moses in Form von Steintafeln überreicht bekommen hatte, von Gott? Die zehn Gebote sind nichts anderes als Anleitungen für ein vernünftiges Zusammenleben. Das einfachste moralische Gesetz ‚Ursache – Wirkung' realisiert sich für alle. Weshalb soll ich stehlen, wenn ich nicht bestohlen werden will? Gott selbst überlässt jedem seinen eigenen Weg. Wer gerne tötet, sollte dann den Weg eines Kriegers gehen, weil er damit das Töten der eigenen Person auch zulässt. Im Detail ist die kosmische Moral schwieriger zu verstehen, als es die schlichte Zehn-Gebote-Anständigkeit zulässt.

Aber, und jetzt kommt die große Einschränkung: Weltweit sind sich die Wissenschaftler darin einige, dass vor zirka 13,7 Milliarden Jahren unser Universum entstanden ist. Die sogenannte Urknall-Theorie ist gültig und zwar so lange, bis möglicherweise weitere oder andere Erkenntnisse vorliegen. Ein Teil des Universums ist unsere Erde, diese entstand vor ungefähr vier Milliarden Jahren, wobei die Menschheit erst zwischen 1,5 und 4 Millionen alt ist. Demnach sind die Aussagen des Alten Testaments mit großer Zurückhaltung zu bewerten.

Kommen wir zum Neuen Testament. Das entstand zweifelsohne erst nach dem Beginn unserer Zeitrechnung, also vor mehr als 2.000 Jahren. Sehr viele und ausgesprochen kluge Köpfe haben die verschiedenen Sequenzen niedergeschrieben. Aber auch diese wurden im Laufe der Folgejahre unzählige Male aus verschiedenen Gründen verändert oder modifiziert. Im Wandel der Zeit traten Dinge zutage, die man niemals für möglich gehalten hätte; vielleicht weil sie unterdrückt oder bewusst vergessen oder aus bestimmten Gründen verändert wurden.

Die Streitereien zwischen Barnabas und Paulus sind im Neuen Testament, Galather 2, 11-13 und Apostelgeschichte 15, 36-41, dokumentiert; natürlich sind nicht alle damit erfasst. Barnabas stammt aus Zypern (Quelle: Wikipedia) und gehörte dem israelitischen Stamm der Levi an. Er war ein Jünger Jesu, gehörte aber nicht zu den 12 Aposteln. Barnabas starb in Zypern als Märtyrer und gilt dort als Nationalheiliger.

Mit dem Gewinn aus dem Verkauf eines Gutes in Jerusalem unterstützte er die erste christliche Gemeinde. Barnabas missionierte in Antiochia, Zypern und in Kleinasien. Auf diesen Missionsreisen kam es oft zu heftigen Meinungsverschiedenheiten zwischen Paulus und Barnabas. Ein spanisches Manuskript berichtet, dass der Mönch Fra Marino das Barnabas-Evangelium aus dem Vatikan entwendet hat. Danach soll Jesus nur ein Vorläufer Mohameds gewesen sein. Bestritten wird die Gottessohnschaft Christi, die Trinität und der Erlösungstod am Kreuz. Die Auferstehung kann nicht stattgefunden haben, weil Judas versehentlich gekreuzigt wurde und nicht Christus.

Die Barnabas-Bibel, sie wurde im Jahre 2000 entdeckt, und ich komme gleich nochmals auf dieses mir am Herzen liegenden Thema zurück, sollte von einer Schmugglerbande verkauft werde, *National Türk* hat darüber berichtet. Der geschätzte Wert dieser Bibel liegt bei 33 Millionen Euro. Experten bezeichnen diese Bibel als echt; in dieser Bibel wird auch von der versehentlichen Kreuzigung des Judas berichtet.

Der Vatikan verlangte, dass diese Bibel von ihm selbst untersucht werden muss. Die Wahrheitsliebe des Vatikans hat Grenzen: Man denke an das Verhalten Galilei gegenüber oder an andere Missetaten, beispielsweise die Ermordung der Katharer oder die Ermordung von sogenannten Hexen nach Foltergeständnissen über Jahrhunderte hinweg. Sicher ist es sinnvoller, diese Bibel nicht nach Rom zu schicken, ihr Schicksal wäre dann besiegelt.

Natürlich gibt es Schriften, welche die Behauptung, dass Christus gekreuzigt wurde, abschwächen wollen. Andere wieder unterstreichen die Flucht Christi nach Afghanistan. In den Qumranrollen wird der Kreuzestod Christi bestritten und die Qumranrollen, die von der Kirche freigegeben wurden, bestätigen lediglich, dass Christus gelebt hat. Aber daran zweifelt ohnehin niemand.

Ob man Christus gekreuzigt sehen will oder nicht, hängt nicht davon ab, ob es wahr ist oder nicht; die Bewusstseinsstruktur der Empfänger dieser Botschaften ist ausschlaggebend. Einem naturwissenschaftlich trainiertem Hirn erschließt es sich nicht, warum der Schöpfer von unendlich vielen Galaxien einen Totschlag in Auftrag gegeben haben soll, nur damit er den Menschen ihre Sünden vergeben kann. Der Totschlag soll dann auch noch an einem völlig unschuldigen Geschöpf vollzogen werden, nämlich Christus.

Ich möchte das Beispiel erweitern: In der Türkei wurde im Jahre 2000, wie gerade erwähnt, eine zirka 1800 Jahre alte Bibel gefunden. Diese Bibel enthält das Evangelium des Barnabas, er war ein Christusschüler. Barnabas behauptete, dass Christus nicht gekreuzigt worden sei. Er sei ein Prophet und nicht der Sohn Gottes. Allerdings, und das soll gesagt werden, sind alle Geschöpfe Abkömmlinge Gottes, Christus natürlich auch. Darüber hinaus bezeichnet Barnabas den Apostel Paulus als Betrüger und Hochstapler.

Als nämlich Barnabas bemerkte, dass Christus wohl in eine existentielle Enge geraten würde, schien er mit Christus einen klugen Plan entwickelt zu haben: Barnabas behauptete überall, dass er selbst gesehen habe, wie Christus gen Himmel gefahren sei. Dadurch hörte das gläubige Volk auf, Christus zu suchen, da er nun im Himmel ist, und somit konnte Christus seine schnelle Flucht nach Afghanistan ungestört vollziehen.

Die Römer hatten kein weiteres Interesse an Christus als Einzelperson, allerdings wurden damals Tausende von politisch aufsässigen Juden mit einem Lederriemen ans Kreuz gebunden, und sie verdursteten nach wenigen Tagen in der Wüstensonne.

Barnabas kann auch als erfolgreicher Fluchthelfer gesehen werden, der Christus durch seine Raffinesse vor dem Tod bewahrt hatte.

Diese Bibel ist im Völkerkundemuseum von Ankara gelagert; die Muslime befürchten eine gewaltsame Entwendung der Bibel, weshalb deren Existenz auch in der Türkei sehr bedeckt gehalten wird, was zweifellos vernünftig ist. Warum wollen Christen an die Kreuzigung glauben? Die Kernidee ist: Gott hat einen Zorn auf die Menschen und braucht den Opfertod von Christus, um den Menschen ihre Sünden vergeben zu können. Und wer das glaubt, kann erlöst werden. Gott wird also zum blutrünstigen Götzen degradiert und Christus zum Schlachtopfer. Eigentlich ist das eine Gottesbeleidigung, weil man die Größe Gottes auf diese Art erbärmlich verkleinert. Darüber sollte man einmal intensiv nachdenken. Man sieht, die Heiden sind mit einem Opfertier zufrieden, die Christen wollen aber exklusiv ihren Propheten geschlachtet sehen. Schließlich geht es ja auch um ihre Erlösung. Aber: Hat Christus nicht auch das Recht auf körperliche Unversehrtheit?

Ich weiß, dass dieses ein diffiziles Thema ist. Die Kreuzigungsideologie hat sich durchgesetzt. Nicht alle Menschen, aber vor allem Arme und Bedrängte identifizieren sich mit dem leidenden Christus. Politisch argumentiert, erleichtert die Kreuzigungsideologie durchaus die Ausbeutung der Menschen; wer an den Trost des Kreuzes glaubt, wird nicht so schnell zum Revolutionär.

Da fällt mir eben gerade ein: Karl Marx hat einmal gesagt *Die Religion ist der Seufzer der bedrängten Kreatur, das Gemüt einer herzlosen Welt, wie der Geist geistloser Zustände ist. Sie ist das Opium des Volkes.*

Das Neue Testament wurde im 4. Jahrhundert kanonisiert. Vorher wurden Schriften hin- und hergeschoben; es waren auch die Schriften des Origines dabei, welche die Reinkarnationslehre behandelten. Der kritische Umgang mit der Kreuzigungsideologie darf aber keineswegs darüber hinwegtäuschen, dass die Christusphilosophie von ausgesprochen erlesener Qualität ist. Gerade über dieses Thema ist in dem Buch ‚Die vier Evangelien", von Walter Jens exzellent übersetzt, vieles korrekt beschrieben. Ein großartiges Buch, das es in mehreren Sprachen gibt. Man sollte es unbedingt lesen.

Jetzt, meine lieben Freunde, ist es doch später geworden. Das soll allerdings nicht heißen, dass alle Themen von mir angesprochen worden sind; es würde noch vieles zu sagen geben. Aber Ritschi hatte die grandiose Idee, jetzt ans Meer zu gehen!"

Der Dottore blickte zu Ritschi, der sagte, dass es genau jetzt der richtige Moment sei, dem Meer einen Besuch abzustatten.

Ritschi stand auf und die neun Männer folgten ihm langsam. Ein angenehm temperierter Abend, ein leichter lauwarmer Wind und der Geruch des nahen Meeres tat allen nicht nur gut, dies alles versetzte sie, auch die vom Dottore gehörten Themen, in eine positive Leichtigkeit und in eine sehr friedliche Stimmung. Miteinander plaudernd erreichten sie bereits in weniger als zehn Minuten den Sandstrand.

Dort waren zehn Stühle im Halbrund aufgestellt, zwei kleinere Tische mit großen Eiskübeln, gefüllt mit Wein und Mineralwasser, fehlten natürlich auch nicht. Man hätte sich gewundert, wenn Ritschi nicht noch eine Überraschung vorbereitet hätte.

Mit ‚Bravo Ritschi, Bravo' und Händeklatschen wurde dem Gastgeber gedankt. Während Ritschi eigenhändig einschenkte, die Runde wurde gut beleuchtet von den Straßenlampen der nur ein paar Meter entfernten kleinen Uferpromenade, setzten sich die Männer. Die beiden Plätze in der Mitte waren automatisch für Ritschi und den Dottore reserviert. Nach einem Salute und leichtem Gläserklirren durch das gegenseitige Anstoßen kehrte absolute Ruhe ein. Lediglich die Wellen rauschten leise, und der Horizont war von der bereits untergegangenen Sonne in ein zartes Rosa getaucht.

Nach einer ganzen Weile sagte Willy Ehmann: „Du, Dottore?"

„Ja, was willst du denn wissen?" Der Dottore schaute seinen Nachbarn an.

„Gibt es eigentlich eine Seele?" Anscheinend plagte sich Willy schon längere Zeit mit dieser Frage, sonst hätte er sie nicht gerade jetzt gestellt.

Der Dottore antwortete sogleich: „Natürlich gibt es eine Seele, ohne Zweifel. Aber ein weitverbreiteter Glaube ist, dass sich mit dem Tod die Seele vom Körper trennt. Die Seele ist eine körperlich-energetische Entität, die sehr genau weiß, was sich während der Inkarnation an Schönem und Unschönem abgespielt hat. Ich nenne einmal ein Beispiel: Ein Pelztierjäger kann entsetzt darüber sein, nachdem er der Klarsicht seiner Seele ausgeliefert ist, was er den armen kleinen Tieren angetan hat, nur um Gewinn zu machen. Er fängt an, sich nach Wiedergutmachung zu sehnen und möchte in seiner neuen Inkarnation nur eines werden: Tierarzt. Dann könnte er die Schmerzen der gequälten Kreaturen lindern. Nur das kann seine Seele wieder ins Gleichgewicht bringen, die Evolution dieser ‚hypothetischen Seele' ist die Entwicklung von Mitleid und als Sühneleistung die Arbeit als Tierarzt.

Im Übrigen gehen die Seelen dahin, wo sie wollen und können. Manche bleiben erdnah, weil es ihnen so gefällt. Natürlich gibt es Energiestrukturen von großer Intensität, denen die untrainierte Seele sich nur ungern ausliefert. Es kann das subjektive Empfinden entstehen: weh mir, ich vergehe. Aber genau diese Erfahrung stachelt untrainierte Seelen an, harte Inkarnationen auf sich zu nehmen, um Hochenergiewelten ertragen zu können; eine extrem hohe Daseinsintensität können nur starke Seelen ertragen.

Denke darüber einmal nach, mein lieber Freund Willy."

Der Dottore überlegte kurz und fügte dann noch an: „In diesem Zusammenhang fällt mir noch etwas ein, was sicher nicht allen hier Anwesenden schmecken dürfte; es hat aber unmittelbar mit dem Seelen-Thema zu tun.

Limbus ist eine Erfindung der katholischen Kirche, weil sie sich der wichtigen und oft an sie herangetragenen Frage stellen muss, was mit Seelen passiert, die von Christus oder möglicherweise von Gott noch nichts gehört, aber ein gutes Leben geführt haben. In den Himmel dürfen diese Seelen nicht. Pech gehabt, sagen die Erlösungsmonopolisten, aber Gott hat in seiner Güte diesen Seelen den *Limbus* erschaffen, eine Art Himmel zweiter Klasse. Er ist schön, aber lange nicht so schön, wie der echte Himmel. Manche Glaubensstrukturen sind schon seltsam und aberwitzig."

Jetzt war große Stille eingekehrt, alle Männer schauten an den Horizont über das weite Meer, dessen Wellen nun auch rosa glitzerten; zweifelsohne wurde jedem der Männer ein Stück der Unendlichkeit bewusst. Wohl mehr als eine Viertelstunde schwiegen die Männer und hingen ihren Gedanken nach.

Dann meldete sich Enrico, der ehemalige Direktor des Marmorbergwerkes und Sternenbeobachter zu Wort: „Du, Dottore, wie ist das eigentlich mit der Verschiebung der Erdachse, was weißt du darüber?“

Der Dottore sagte nachdenklich: „Natürlich bin ich nicht allwissend, aber mit diesem Thema haben sich hochkarätige Wissenschaftler befasst; die Ergebnisse kenne ich, allerdings nicht vollständig. Dass die Verschiebung der Erdachse eminente Wirkungen haben kann, steht außer Frage. Große Vulkanausbrüche sind mitunter die Ursache dafür. Bekanntermaßen war einst die Sahara ein Garten Eden – ein gravierender Vulkanausbruch in Indonesien hat quasi die Wüste verursacht. Und nicht nur ich bin mir sicher, dass weitere Ursachen eben durch die Verschiebung der Erdachse festzustellen sind. Allerdings schiebt man diesem Umstand auch Dinge zu, die garantiert nicht stimmen. Da war von dem Ozonloch die Rede, das angeblich durch polyfluorierte Kohlenwasserstoffe verursacht sein soll; man hört nichts mehr davon. Merkwürdige und teilweise manipulierte Labortests sollen bewiesen haben, dass CO^2 krebserregend sei; eine regelrechte Klima-Hysterie ist entstanden. Man will für Milliarden von Geldern den CO^2-Anteil verringern – weshalb genau hat man noch nicht erfahren. Fakt ist, dass CO^2 schwerer ist als Luft und nur mit einem Anteil von zirka 0,3 Promille in der Erdatmosphäre enthalten ist.

Ohne CO^2 gäbe es auf der Erde kein Leben, das ist eben so und bewiesen ist es wissenschaftlich auch.

In der wissenschaftlichen Meteorologie spielt die Sonnenaktivität eine sehr große Rolle in der Entwicklung terrestrischer Temperaturen. Die Erde war schön öfter komplett eisfrei und auch schon öfter von kristalliner Kälte. Die CO^2-fixierten Politiker glauben offensichtlich, der Sonne überlegen zu sein und wollen die Erdtemperaturen um zwei Grad Celsius senken. Milliarden von Geldern werden sinnlos verplempert. Und einige wichtigtuerische Wissenschaftler tönen lautstark in das gleiche Horn. Die ernsthaften und kompetenten Forscher behaupten das Gegenteil, sie weisen es auch nach, aber sie sind zu leise und die öffentlichen Medien verbreiten lieber Katastrophenmeldungen. Fakt ist, dass der Energieausstoß der Sonne sich zyklisch ändert. Die Zyklen können sich immer wiederholen, beispielsweise: Der Schwabe-Zyklus dauert 11 Jahre, der Hale-Zyklus dauert 22 Jahre. Allerdings gibt es momentan auch Hinweise auf eine unmittelbar bevorstehende kleine Eiszeit; definitiv gesicherte Daten gibt es noch nicht. Jedenfalls wäre das eine konträre Situation zu den Publikationen der Main-Stream-Presse. Wenn Politik und Wissenschaft ernsthaft international recherchieren würden, würden wir Informationen auf ernsthaftem Niveau bekommen. Will man es nicht? Oder ist man unfähig dazu?

Wenn wir noch einen Moment bei dem Thema bleiben: Da werden Gerüchte in die Welt gesetzt, die den Menschen größte Ängste einjagen. Inseln gehen unter, ganze Landstriche versinken im Wasser. Dabei hat die Wissenschaft eine quasi Klima-Schaukel zwischen Arktis und Antarktis festgestellt. Sie sorgt längerfristig für einen Ausgleich zwischen Nord und Süd. Permanent kommen neue Hiobsbotschaften, die uns das Fürchten lehren sollen. Denkt nicht nur an die Klima- Lüge, denkt an die Bankenkrise, an die Immobilienkrise und auch an die Krise der Zins- und Finanzwirtschaft. Denkt auch an die internationale Politik, die unfähig ist, die grausamen Kriege, die weltweit geführt werden, abzustellen. Was ist mit den Waffenliefrungen in die entsprechenden Länder? Wenn man alles genau beleuchtet, dann wird man feststellen, dass nur ein paar Wenige dahinterstecken, die sich mit diesen Dingen um Milliardenbeträge bereichern wollen. Aber jetzt Schluss damit, sonst landen wir noch dort, wo wir eigentlich nicht hin wollen."

Giorgio, der Mathematikprofessor von der Universität Siena, er hatte den Abend über nur wenig gesprochen, aber permanent sehr genau den Worten des Dottore gelauscht. Jetzt meldete er sich zu Wort, und zwar so, wie alle anderen Teilnehmer ihre Fragen begannen: „Du, Dottore ich würde auch noch gerne etwas wissen, eigentlich ist es ein Thema der Mathematik. Im Buch der Weisheit steht nämlich bei Salomo geschrieben: *Doch hast du Gott alles nach Maß, Zahl und Gewicht geordnet.* Das muss einen tieferen Grund haben, den ich nur ansatzweise nachvollziehen kann. Was sagst du dazu?"

„Mein lieber Professore, mit diesem Thema habe ich mich unlängst befasst. aber es ist sehr aufwändig zu erklären. Ob wir das heute noch schaffen, wage ich zu bezweifeln..." Jetzt unterbrach Ritschi, autoritär wie immer: „Morgen ist Samstag, da habt ihr Faulenzer ohnehin nichts zu tun. Ich lade euch alle ein zum nicht allzu frühen Frühstück im Tenda Rossa in Marina di Carrara, dort wohnen nämlich Nikolas, Willy und der Dottore. Also, wer Lust hat, der soll kommen. Der Dottore erbarmt sich bestimmt und gibt uns allen noch etwas mit, ist das so, lieber Dottore?"

Wieder antwortete der Dottore und zeigte seine grandiosen italienischen Sprachkenntnisse: „*Natarelmente*, lieber Ritschi."

Mit einem „Buona Notte, liebe Freunde“, stand Ritschi auf und schaute auf die Uferpromenade, dabei klatschte er in die Hände. Wie von Zauberhand gelenkt tauchten im Laufschritt zwei Männer mit einem größeren Handwagen auf und verluden Stühle, Tische, Flaschen und Gläser. Dann verschwanden sie mit einem freundlichen Gruß.

Francesco, der angeblich atheistische Priester, schaute auf das Meer hinaus, bekreuzigte sich und sagte *Grazie Mare, Grazie*. Und Ritschi meinte dazu: „Eure Heiligkeit, du musst dich nicht beim Meer bedanken, der Wein und das Essen gehen auf meine Rechnung.“

„Ja, ich weiß es, lieber Ritschi. Ich habe dem Meer als Mittler zwischen dem Allerhöchsten und uns gedankt, dass wir da sein dürfen. Das wirst du gerade noch verstehen.“ Dann drehte sich Franceso mit einem freundlichen Gruß um und lief langsam in Richtung seiner Wohnung, die nur unweit entfernt war.

Ritschi hatte offenbar keine Lust, dazu einen Kommentar abzugeben, aber er sagte: „Willy, du alter Mafiosi, von dir habe ich das vor Jahren schon gelernt: Ordnung und Disziplin. Meine Leute funktionieren alle so, du weißt es schließlich. Sie werden jetzt garantiert auch noch die Gläser spülen und alles aufräumen. Wenn wir diese

Disziplin vor vielen Jahren in Kriegszeiten schon gehabt hätten, dann wäre sicher auch meine Visage nicht verbrannt; aber ob ich so aussehen wollte, wie du, ich weiß nicht so recht…“

Kapitel 6

„Ich versuchte ihn zu finden am Kreuz der Christen, aber er war nicht dort. Ich ging zu den Tempeln der Hindus und zu den alten Pagoden, aber ich konnte nirgendwo eine Spur von ihm finden. Ich suchte ihn in den Bergen und Tälern, aber weder in der Höhe noch in der Tiefe sah ich mich imstande, ihn zu finden. Ich ging zur Kaaba nach Mekka, aber dort war er auch nicht. Ich befragte die Gelehrten und Philosophen, aber er war jenseits ihres Verstehens. Ich prüfte mein Herz, und dort verweilte er, als ich ihn sah. Er ist nirgends sonst zu finden"

Muhammed ar-Rumi (1207-1273),
persischer Mystiker und Gelehrter

Die drei Gäste des Hotel Tenda Rossa, Matthias Zollinger, Willy Ehmann und Nikolas Becker saßen am nächsten Morgen auf der Hotel-Terrasse und ließen den vorherigen Abend Revue passieren. Die meisten Hotel-Gäste hatten bereits gefrühstückt. Marco, der Hotelchef, hatte den großen langen Tisch vorbereitet für ein offenbar größeres Gedeck; auf Anordnung von Ritschi, wie er sagte. Es war kurz vor zehn Uhr und tatsächlich kamen sechs Männer, an der Spitze Ritschi mit seiner großen Sonnenbrille, seinem breitkrempigen schwarzen Hut und in einem dunkelgrauen Anzug mit breiten schwarzen Streifen, nicht zu vergessen ein weißes Seiden-Einstecktuch, wieder von beachtlicher Größe.

Nikolas, Willy und der Dottore standen sofort auf, eine herzliche und dennoch langatmige Begrüßung erfolgte. Alle standen hinter den Stühlen, und als Ritschi sich setzte, natürlich direkt gegenüber vom Dottore, war das ein Zeichen dafür, dass alle sich setzen konnten.

„Mein lieber Freund, hier geht es zu wie in einem Fürstenhaus, und wie großartig du aussiehst, also ich kann nur staunen, allein dein Anzug ist schon sehenswert", Willy wurde, wie so oft seinem alten Freund Ritschi gegenüber, sarkastisch aber natürlich nicht bösartig.

„Mein Freund", entgegnete Ritschi, „erstens trage ich diesen Anzug nur zu besonderen Anlässen, und das ist einer. Noch bestimme ich das. Und zweitens, woher willst ausgerechnet du wissen, wie es in Fürstenhäusern zugeht? Also, bitte sei nicht so vorlaut."

Willy konterte sofort: „Mit meinem Freund Nikolas bin ich beim Principe von Seborga,

Giorgio I., sehr oft eingeladen gewesen in seinen Palazzo. Viele Stunden haben wir dort mit sehr interessanten Diskussionen verbracht. Du ganz sicher nicht. Also, wir wissen, wie es zugeht bei Fürsten. Nicht wahr, Nikolas?"

Der nickte und sagte zu Ritschi: „Willy hat recht, wir waren sehr oft bei Giorgio, er ist ein lieber alter Freund gewesen, leider ist er unlängst verstorben."

Wie immer zu solchen Anlässen antwortete Ritschi sehr knapp: „Das interessiert hier niemand. Also, wir sind gestern stehengeblieben bei der Frage unseres Professore, der auch Giorgio heißt. Er ist allerdings kein fürstlicher Abkömmling, dafür aber ein kluger Lehrer, sonst wäre er nicht an der Universität Siena."

Jetzt schaltete sich der Dottore ein: „Ich denke, dass wir nunmehr zur Sache kommen sollten. Das Geplänkel nimmt sonst kein Ende. Also, lieber Professore, du hast gestern Abend die Frage gestellt, was für einen tieferen Grund der Satz im Buch der Weisheit Salomos hat, ich habe mir das extra aufgeschrieben: *Doch hast du Gott alles nach Maß, Zahl und Gewicht geordnet*, also was hat es mit diesem Spruch, der zweifelsohne einen mathematischen Hintergrund haben muss, auf sich? Ich habe noch heute Nacht lange überlegt, meine

Notizen habe ich hier", dabei zog er wieder sein schwarzes Etui hervor, das kaum noch Platz hatte für die vielen Notizzettel, die der Dottore permanent schrieb.

„Sprechen wir jetzt von der Schönheit des Wahrnehmbaren. Der sich uns zeigenden Schönheit sieht man nicht auf Anhieb an, dass das subjektive Empfinden ‚schön' sehr stark durch mathematische Gesetze gesteuert wird; wir müssen einen Ausflug machen, es ist wirklich unverzichtbar, in dein Spezialgebiet, lieber Professore, nämlich in die Mathematik.

Das Synonym für den goldenen Schnitt *proportio divina* trifft tatsächlich den Kern des Problems. Keine Angst, es hört sich komplizierter an, als es ist, und für den Professore ist es schon überhaupt kein Problem. Man nehme eine Gerade, die unterteilt ist in zwei Teilstrecken, die wir a und b taufen. Nimmt man die Gesamtstrecke, also a und b, und teilt sie durch die größere Teilstrecke, dann entsteht der Quotient a+b/a. Wird nun die größte Teilstrecke a durch die kleinste Teilstrecke b dividiert, dann entsteht der Quotient a/b.

Ist a/b=a+b/a identisch, dann ist der Punkt, der die Strecke teilt, die Goldene Mitte. Da das Prinzip der Teilung immer dasselbe ist, ist der Wert, der dabei herauskommt, immer konstant, nämlich

1,61803. Diese Zahl wird in der Mathematik auch mit dem griechischen Buchstaben Phi bezeichnet. Analog zum Goldenen Schnitt der Geraden gibt es auch einen Goldenen Schnitt der Winkel, er ist mit dem griechischen Buchstaben Psi belegt.

Psi=2Pi/Phi-2Pi. Pi ist in diesem Fall die Kreiszahl Pi, Kreisumfang/Durchmesser des Kreises. Die Zahl Phi gehört zu den wichtigsten Naturkonstanten, sodass ich leider den mathematischen Teil noch nicht ganz beenden kann. Es ist aber nicht so schwer zu verstehen, wie es die Zahlen zunächst ausdrücken."

Giorgio, der Mathematikprofessor, meldete sich zu Wort: „Freunde, kritisiert mich ruhig, denn ich habe dieses Thema schließlich beim Dottore angezettelt. Aber, wenn es euch beruhigt, er hat das sehr gut erklärt und ich bin gespannt, wie es weitergeht. Hört also genau zu, auch wenn ihr euer Gehirn dazu einschalten müsst."

Klar, dass Ritschi zu diesem Satz etwas sagen musste: „Sprich nicht so arrogant zu uns, du alter Esel, *Salute*", und damit hob er seine Kaffeetasse in Richtung des Professore. Die anderen lachten lauthals.

Als wieder Ruhe eingekehrt war, ergriff der Dottore wieder das Wort, er hatte zwischenzeitlich verschiedene Notizzettel aus seinem Arsenal herausgezogen und vor sich hingelegt: „Ich gebe zu, dass alles ein wenig kompliziert ist, aber ihr werdet euch noch wundern, welche Zusammenhänge es gibt; warum das alles so ist und weshalb die Erklärungen so dürftig sind, können auch Menschen, die sehr viel mehr Wissen haben als ich auf diesem Sektor, nicht begreifen, sie wissen es einfach nicht.

Es besteht eine interessante Beziehung zwischen den Fibronaccizahlen und der Zahl Phi. Die Fibronaccizahlen sind seit dem Mittelalter bekannt. Die Aufstellung der Reihe ist sehr einfach: Man addiert die ersten zwei Zahlen der Reihe und bekommt so den Wert des dritten Gliedes. Von nun an werden immer die beiden letzten Zahlen addiert und man erhält die neue Zahl für die Reihe.

Folgende Darstellung ergibt sich dann für die Fibronacci-Reihe:

0,1,1,2,3,5,8,13,21,34,55… Die nächste Zahl hieße also 34 plus 55 = 89; dividiert man nun das letzte Glied der Reihe mit dem Vorletzten, dann erhält man die Zahl Phi. Je größer die Fibronaccizahlen sind, desto größer ist die Genauigkeit von Phi. Phi lässt sich auch als Kettenbruch oder als Kettenwurzel darstellen. Bei diesen beiden mathematischen Operationen kommt man auf der rechten Seite der Gleichung nur mit Einsen (1) aus!

Hier fangt ihr sicher an, zu verstehen, dass die einfachen und nüchternen Zahlen eigentlich zu den größten Mysterien gehören, die es im Universum gibt. Der Goldene Schnitt wurde bereits 300 Jahre v. Chr. von Euklid beschrieben. Mathematikhistoriker glauben aber, dass er schon deutlich früher entdeckt wurde.

Jetzt, meine lieben Freunde, kommen ein paar sehr spannende Dinge, die nicht nur euch in Erstaunen versetzen werden. Frage: Wo kommt denn die Zahl Phi in der Natur vor? Das Schneckengehäuse von Nautilus ist spiralig nach der Phi-Metrik aufgebaut. In spiralig angeordneten Galaxien ist die Phi-Metrik eindeutig nachweisbar. Der Tipping-Point der Schwarzen Löcher ist mit Phi und der Masse definierbar. Die Blätter vieler Pflanzen sind spiralförmig um den Stängel herum angeordnet; der Winkel zwischen zwei Blättern beträgt 137,5 Grad.

In der weltbekannten Zeitschrift ‚Nature' (Band 426, Seite 255) erschien ein Artikel darüber, wie die Pflanzen den goldenen Winkel erzielen können: Sie produzieren ein Protein PIN1, das eine Anhäufung von Auxin, das ist ein Wachstumshormon, an den Stellen ermöglicht, an denen das Blatt wachsen soll.. Ein rein orthodoxer Darwinist hätte sicher große Probleme, dieses Phänomen erklären zu können.

Die große Bedeutung von Phi in der Natur wurde bereits erklärt, wobei allerdings Varianten zu bemerken sind. Aber was ist mit dem Alltag, mit dem wir uns eigentlich immer und zwangsläufig befassen müssen?

Die Proportionen, die von Designern für ihre Produkte angestrebt werden, beispielsweise bei Autos, Kleidern oder Architektur, enthalten sehr häufig Elemente der Phi-Metrik.

Aber wie steht es nun mit der Schönheit der Geschöpfe? Die Schönheit einer Frau wird unter anderem nach der Funktion beurteilt: Der Busen spielt eine wichtige Rolle, weil damit, zumindest am Anfang, der Nachwuchs ernährt wird. Ein gut ausgeprägtes Becken hilft dem Baby, ganz in seiner Nähe eine Reservekammer an Fett zu haben, damit für schlechte Zeiten vorgesorgt ist.

Ein kräftiger, breitschultriger Mann verspricht auch ein guter Jäger zu sein, der auch physisch seine Familie verteidigen kann. Dennoch sieht es gut aus, wenn der Körper unter Phi-metrischen Aspekten gestaltet ist. Raubtiere werden dann als schön empfunden, wenn ihr Talent aufzuspüren und zu töten anatomisch gut dargestellt ist. Die Schönheit der Opfertiere drückt sich in einer guten

Darstellung der Muskelpartien aus, die für eine erfolgreiche Flucht notwendig sind. Symmetrie ist auch ein Aspekt der Schönheit; zu viel Symmetrie wirkt kalt, weniger Symmetrie lebendig.

Zum Schluss dieses Themas erinnere ich nochmals an den von Giorgio, unserem Professore, genannten Spruch von Salomo: *Doch hast du Gott alles nach Maß, Zahl und Gewicht geordnet.*

Zwischen diesem Salomo-Spruch und dem Wenigen, das ich euch erzählen durfte, besteht ein absoluter und unbezweifelbarer Zusammenhang."

„Es ist schon beachtlich, was auf Grundlage der Mathematik alles basiert", der Mathematikprofessor musste offensichtlich sein Erstaunen kundtun: „Natürlich kenne ich mich in Sachen Mathematik aus, dass aber beinahe alles nach mathematischen Größen geordnet ist, wusste ich wirklich nicht. Über dein Wissen, lieber Dottore, bin ich ehrlich verblüfft. Andererseits: Wir wissen so vieles nicht, und manche Dinge werden wir überhaupt niemals wissen. Damit haben wir uns einfach abzufinden."

Nikolas Becker nahm die Gelegenheit wahr, ebenfalls eine Frage in die Runde zu stellen. „Unser Hauptthema war und ist das Hochenergiefeld Gott, das wissen wir.

Matthias hat darüber auch ausführlich referiert. Wir, der Dottore und ich, waren unlängst in Zermatt, am Matterhorn, das höher als 4000 Meter liegt. Wir haben gezielt mit mehreren Menschen dort gesprochen. Sie glauben, dass ihnen auf einer großen Höhe Gott näher ist. Der Dottore und andere Wissenschaftler behaupten, dass die Gottesenergie in allen Höhen- und Tiefenlagen gleich sei, um uns und in uns direkt. Die Bergmenschen sind trotzdem von ihrer eigenen Meinung überzeugt. Wir glauben, dass die Einsamkeit, die Stille in großer Höhe eine effizientere Kommunikation zulässt. Vor allen Dingen die Umgebung, die Großartigkeit der Natur spielt eine große Rolle. Aber das könnte tatsächlich überall dort sein, wo eine grandiose, sichtbare Natur zu sehen und zu fühlen ist. Wie ist das mit Menschen, die auf Level Null leben? Also ihr hier am Meer? Wie seht ihr das?“

„Ich bin der Älteste in dieser hochwohllöblichen Runde, und ich glaube, dass ich mit meinen mehr als 90 Jahren gerade auf dem besprochenen Gebiet enorme Erfahrung habe. Bei sehr vielen Gelegenheiten bin ich ans Meer hinunter und habe Zwiesprache gehalten mit Gott. Wobei ich bestimmt kein frommer Mann bin. Aber jedes Mal bekam ich die Antwort, tief in meinem Innersten;

ich wusste, wie es weitergehen wird. Ich glaube, dass die Großartigkeit der Natur, das unendliche Meer, einem die große Kraft und Energie vermittelt. Das muss Gott sein, wer denn sonst?" Ritschi schaute fragend in die Runde.

Jetzt schwiegen alle eine ganze Weile. Bis Francesco, der angeblich atheistische Priester, das Wort ergriff: „Natürlich ist es Gott, der in uns ist, man muss einfach das Gespräch mit ihm suchen. Das funktioniert. Wenn ich allein in unserer Kirche bin, um mich herum kein Mensch, nur die großen und kleinen Kunstwerke, Figuren und Gemälde, dann habe ich immer das Gefühl, ich bin doch nicht allein, Gott ist dabei. Und dann frage ich ihn um Rat für alle möglichen Probleme. Und schon immer habe ich Antwort bekommen."

„Genauso ging es mir schon immer", sagte der Marmorchef Enrico sehr nachdenklich, „wie oft schon stand ich ganz oben und sah unter mir die riesigen Marmorbrocken, unten das ruhige oder auch stark bewegte Meer. Und dann fühlt man sehr intensiv, dass das alles nicht zufällig da sein kann, man kommt sich sehr klein und kindhaft vor. Da waren viele Gelegenheiten für mich, Gott um Rat zu fragen oder ihn um das eine oder andere zu bitten. Glaubt mir, es ist so. Und ich bin auch dankbar dafür!"

Die beiden Piloten waren die ganze Zeit sehr schweigsam, aber nun wollte Umberto doch etwas zum Thema sagen: „Wenn wir in mehr als zehn Kilometer Höhe stundenlang fliegen, dann ist es zwar nicht langweilig, aber man kommt ins Grübeln, man denkt über dieses und jenes nach, auch über Gott. Bei Emilio ist es genauso, wir haben schon oft darüber endlos lange diskutiert. Und immer kommt der Moment, da muss man sich einfach damit abfinden, dass wir eigentlich nur kleine Körnchen im Weltgetriebe sind, dass die allerhöchste Frequenz, oder wie unser Dottore sagt ‚das Hochenergiefeld' Gott ist. Er hat alles geschaffen. Dass es zufällig entstanden sein soll, also daran zu glauben, wäre unsinnig. Und dann kann man, wenn man will, durchaus mit ihm kommunizieren. Das ist nicht neu für uns.

Ich kenne einige Piloten verschiedener Nationalitäten, die genau die gleiche Meinung haben. Und wenn ich es richtig interpretiere, dann ist es auf den hohen Bergen, unten am Meer oder hoch oben in der Luft immer und scheinbar auch ewig das gleiche Prinzip. Trotzdem bleibt dieses alles immer zum Teil ein unlösbares Rätsel; aber eine Rolle spielt es nicht. Entscheidend ist, dass, wie die Piloten sagen, wir die ständige Verbindung haben."

„Du, Dottore, wie ist das eigentlich mit dem so oft erwähnten Urknall? Hat es den wirklich gegeben? Und wann war das?“ Francesco, der Priester fragte voller Neugierde und Wissensdrang, man sah es ihm förmlich an.

Willy Ehmann musste zu diesem Thema auch sein Wissen formulieren: „Bei Enrico im Marmorbergwerk, da knallt es sehr oft, riesige Brocken fallen mitunter den Berg herunter. Da ist vielleicht so eine Art Urknall, wie es unser heiliger Francesco wissen wollte.“

Ritschi ermahnte seinen Freund Willy: „Du alter Ganove, du sollst seine Heiligkeit, den Francesco, nicht verspotten. Er ist sehr empfindlich.“

Francesco schwieg, hob aber segnend die Hände über seinen Sitznachbarn Willy.

Matthias Zollinger sprach in die Runde: „Zum Urknall gibt es einiges zu sagen. Aber gestattet mir bitte, dass ich etwas von dem Parmaschinken, der mich dauernd anlacht und dem Brot zu mir nehme. Eigentlich gehört sogar ein Gläschen Wein dazu, oder sehe ich das falsch?“

Was geschah? Ritschi klatschte in die Hände und der Kellner kam im Laufschritt…

Kapitel 7

„Wenn in der Seele nicht erfahrungsgemäß höchste Werte lägen, so würde mich die Psychologie nicht im Geringsten interessieren, da die Seele dann nichts als ein armer Dunst wäre. Ich habe die Tatsachen vorgelegt, die beweisen, dass die Seele ‚naturaliter religiosa' ist.

Carl Gustav Jung (1875-1961),
Schweizer Psychoanalytiker

„Jetzt sind wir alle gestärkt, der Parma-Schinken war grandios, aber ich habe ihn schließlich nicht alleine gegessen. Wir können uns nunmehr mit dem äußerst wichtigen Thema ‚Urknall' befassen."

Der Dottore war wieder topfit und bereit, weitere Themen zu interpretieren.

„Wie ihr spürt, meine lieben Freunde, Essen und Trinken hält Leib und Seele zusammen. Ihr seht also, der Leib und die Seele haben sehr wohl etwas miteinander zu tun. Aber jetzt wieder ernsthaft: Ich habe, vom Urknall-Thema einmal abgesehen, noch ein paar andere für euch interessante und auch wissenswerte Dinge aufbereitet. Aber da fällt mir zunächst noch etwas zu unserem vorangegangenen Thema Mathematik ein, das möchte ich euch nicht vorenthalten, insbesondere wird es unseren Professore besonders freuen, etwas von seinem wissenschaftlichen Kollegen zu hören: Ein italienischer Mathematiker, Physiker und Philosoph, nämlich Galileo Galilei, er hat von 1564 bis 1642 gelebt, hat einmal gesagt: ‚Die Mathematik ist das Alphabet, mit dem Gott die Welt geschrieben hat'. Wir liegen also mit unseren mathematischen Gesprächen von vorhin, mein lieber Professore Giorgio, nicht so weit weg von dem, was Galileo Galilei bereits vor mehr als 500 Jahren erkannt hatte."

Giorgio hob kurz die Hand und sagte mit einem süffisanten Lächeln im Gesicht: „Der Galileo war schon ein kluger Mann, wenn er diese Erkenntnis bereits vor 500 Jahren hatte. Kein Wunder, er war schließlich Italiener."

Ein herzhaftes Gelächter setzte ein, doch der Dottore bereitete dem schnell ein Ende, er sagte nämlich, dass Galileo Galilei vom Urknall und von der Entstehung des Universums anscheinend nicht so große Kenntnisse gehabt hatte, sonst hätte man bestimmt etwas davon gehört.

„Jetzt wollen wir aber zum Thema kommen." Matthias Zollinger hatte bereits seine Notizen vor sich gelegt und begann: „Zunächst möchte ich einen kleinen Vorspann zum Urknall-Thema machen, man sieht, wie unterschiedlich die Meinungen sind, auch heute noch. Aristoteles, der griechische Philosoph, behauptete, dass die Welt schon ewig existieren würde. Und das würde sie auch in alle Ewigkeit tun. In verschiedenen Religionen glaubt man daran, dass eine höhere Macht unser Universum geschaffen hat. Wann das gewesen sein soll, darüber gibt es von denen keinerlei Aussagen. Die kompetenten Wissenschaftler weltweit sind überzeugt davon, dass die Urknall-Theorie, die sich Mitte des 20. Jahrhunderts entwickelte, den Beginn unseres Universums am ehesten erklärt. Die Theorie hat heute noch Gültigkeit.

Der Urknall ist ein starker Ausdruck göttlichen Wollens. Sinnigerweise war es ein genialer Jesuitenpriester, der die Urknalltheorie entwickelte: Georg Lemaitre. Sein Hauptberuf war Priester und seine Hobbys waren Mathematiker und Naturwissenschaftler.

Nach Lemaitre ist ein kosmisches Ei im Moment der Entstehung des Universums explodiert; manche behaupten, es hätte die Größe einer Orange gehabt, ernsthafte Wissenschaftler sprechen vom

Uratom. In diesem Uratom soll das ganze Universum zusammengepresst gewesen sein. Was in einem kurzen Moment geschah, brachte die komplette Substanz für mehr als 100 Milliarden Galaxien mit je 100 Milliarden Sternen und ihren Planetensystemen. Für uns alle unfassbar und niemals zu begreifen.

Albert Einstein lehnte diese Theorien ab, weil sie sich zu sehr an christlichen Schöpfungsvorstellungen orientieren würden. Dennoch irrte der Physik-Popstar gewaltig. Lemaitre konnte seine Theorien mathematisch beweisen und erhielt 1934 den Francqui-Preis des Belgischen Königshauses. Heute ist die Urknalltheorie ein fester Bestandteil der Allgemeinbildung. Ein Nobelpreis blieb für diese große wissenschaftliche Leistung allerdings aus.

Der NASA sind Fotoaufnahmen gelungen vom Rande unserer Galaxis in den Weltraum hinein. Es scheint zahllose Galaxien zu geben, sozusagen Parallelgalaxien; schon deshalb sollte man eher von einem Multiversum sprechen, ich habe das in verschiedenen Vorträgen und Gesprächen immer wieder betont.

Kosmologen haben die ‚Seifenblasentheorie' entwickelt. Die Galaxien kommen und gehen, wie die Seifenblasen in der Badewanne. Ob es allerdings eine numerische Obergrenze an Galaxien gibt, ist Spekulationen anheim gegeben, man weiß es einfach nicht.

Die wahrnehmbaren Galaxien aneinander gereiht könnten in unterschiedlichen Koordinatensystemen beschrieben werden. Und nun taucht die Frage auf: Gibt es auch Realitätssysteme, die ineinander verschachtelt sind, sich aber gegenseitig nicht wahrnehmen können? Können sie eigengesetzlich nur ihr System wahrnehmen und nicht das andere?

Es wäre eine interessante wissenschaftliche Aufgabe, die Existenz von Parallelsystemen zu erforschen und zu beweisen. Und damit wäre von mir aus das Thema ‚Urknall' beendet. Allerdings muss ich der Vollständigkeit halber sagen, dass ich, sagen wir einmal ‚den technischen Teil' überhaupt nicht erwähnt habe. Es würde uns allen aber nichts bringen, weil wir, und ich auch, einfach keinen ausgebildeten Verstand für derlei Dinge haben. Ich kann Verschiedenes aus meinen Unterlagen erzählen, beispielsweise, dass das Universum unmittelbar nach dem Urknall etwa zehn Billionen Grad heiß war und erst im Laufe der Zeit auf ungefähr 2700 Grad abkühlte; es entstehen die ersten Wasserstoffatome Lithium und Helium. Nach mehr als 100 Millionen Jahren bilden sich die ersten Gaswolken und Sterne beginnen zu leuchten. Aber wie gesagt, auf diesen Boden unseres Themas dürfen wir uns nicht begeben, es ist zu umfangreich, aber auch zu unverständlich.

Falls ihr noch Fragen habt: Wenn ich kann, beantworte ich diese gerne."

Wieder wurde Matthias Zollinger mit Applaus und lauten *Bravo-Dottore-,Grazie-Dottore*-Rufen bedacht; der Dottore schaute sehr verlegen in die Runde und hob beinahe segnend die Hände.

Willy Ehmann hatte offensichtlich eine Frage, die er, so wie es aussah, schon länger mit sich herumtrug: „Du, Dottore, mein Freund Enrico Cardinale, du weißt ja, der Marmorchef, sagte mir vorhin, dass seine Marmorberge auch schon Millionen Jahre alt wären. Sie wären nicht gewachsen wie manche Gesteine, sondern durch eine Art Kernschmelzung entstanden. Das hat mich auf die Frage gebracht: Wie alt sind das Universum, unsere Welt und wir Menschen eigentlich?"

Der Dottore überlegte kurz und beantwortete die Frage: „Also das mit dem Marmor kann stimmen, aber ehrlich gesagt, ich weiß es nicht. Da Marmor ein sehr hartes Gestein ist, kann es durchaus durch eine überdimensionale Hitze entstanden sein. Dass Marmor dann viele Jahre alt ist, würde sich physikalisch bestimmt nachweisen lassen. Ich denke aber, dass es darüber exakte Untersuchungen gibt. Vermutlich hat Enrico mit seiner Aussage dir gegenüber, sagen wir einfach, er hat ziemlich sicher recht.

Allgemein wissenschaftlich anerkannt ist das Alter des Universums, ich habe das schon mehrfach recherchiert und auch in Vorträgen vor Fachleuten erwähnt, also man spricht von 13,7 Milliarden Jahren. Unser Sonnensystem entstand vor ungefähr 4,5 Milliarden Jahren, es besteht aus der Sonne und den acht Planeten. Die Menschen dürfte es seit 1,5 Millionen Jahren geben, es wird auch von bis zu fünf Millionen Jahren gesprochen; eine große Zeitspanne, die aber sehr schwierig zu beweisen ist. Alle Wesen entwickeln sich durch Daseinserfahrung. Der innere Gott in allen Lebewesen nimmt dessen Impulse auf und realisiert diese.

Auf diese Weise kann man sagen, alle Geschöpfe erschaffen sich selbst, nämlich durch Erfahrung. Eigentlich wie Gott selbst, der durch Schöpfungserfahrung zu dem wurde, was er ist. So ähnlich wie sich die Exprimate Gottes ständig weiterentwickeln, tut Gott das auch; er wird niemals dort stehen bleiben, so wie er ist. Der ständige Wandel ist das unveränderlich Bleibende.

Die Wissenschaft streitet aber schon immer um das Alter der Menschheit. Eine ungefähre Zahl habe ich bereits genannt, wobei die Kreationisten völlig andere Auffassungen haben."

„Das alles haben wir begriffen, aber was sind Kreationisten? Das habe ich noch nie gehört", wollte Willy Ehmann wissen.

Anscheinend war das ein Thema, das dem Dottore besonders am Herzen lag: „Sicherlich laufen auf unserer Erde ein paar Millionen dieser Leute herum. Sie lassen ihre Kinder total verdummen, Hauptsache, es werden gläubige Kreationisten.

Wenn wir das Thema Schöpfung in unserem Leben für wichtig halten, dann sehen wir die Naturwissenschaft durchaus vereinbar mit der Evolutionstheorie. Die Kreationisten sehen das anders: Verschiedene evangelikale Menschen in den USA, aber auch in Europa, glauben, dass wissenschaftliche Aspekte für eine Schöpfung sprechen könnten, aber nur aufgrund der jahrhundertealten schriftlichen Überlieferung, und dass demnach der biblische Schöpfungsbericht wörtlich zu nehmen ist. Heutzutage steht der sogenannte Kurzzeit-Kreationismus an der Spitze dieser Meinungen. Er ist der Auffassung, dass die Schöpfungstage gleich Kalendertage sind. Wenn man rechnet, kommt man auf ein Weltalter zwischen 6000 und 12000 Jahren. Mit der offiziellen Naturwissenschaft sind diese Annahmen nahezu auf allen Feldern unvereinbar. Demnach ist der Kreationismus fast gezwungen, Physik und Geologie neu zu formieren. Man wird sehen, was dabei herauskommt.

Der Ordnung halber darf ich dazu sagen, dass ich mir die Informationen über den Kreationismus bei Planet-Wissen.de geholt habe. Autorin ist Alexandra Stober, der Informationsstand ist der 20. April 2016."

Die Worte des Dottore hatten die Männerrunde in großes Erstaunen versetzt, man sah es ihnen regelrecht an.

Aber der Dottore wollte noch eine wichtige Information geben: „Was unser Universum und auch vielleicht Teile des Multiversums angeht, war Gott, bevor er schuf, Chaos. So nennen die Astrophysiker das, und es ist natürlich nicht negativ gemeint. Die ständige Entwicklung durch Schaffen bringt ihn in seiner Genesis, also in seinem Wirken und Werden, den Menschen sehr nahe; ich glaube, dass er die Nöte unserer eigenen Evolution sehr gut versteht, und dass er deshalb immer wieder sehr weit entwickelte Seelen als Propheten inspiriert und schickt, um allzu grobe Fehler der Menschen abzumildern. Denkt an Jesus, Mohamed, Zarathustra und andere, ich hatte das bereits erwähnt. Manchmal sind aber die Menschen dermaßen von sich eingenommen, um nicht zu sagen dumm, dass sie sich nur durch Katastrophen wie Kriege, Pest oder Naturkatastrophen weiterentwickeln können."

Jetzt unterbrach Francesco, der Priester, mit ernster Miene: „Mein lieber Dottore, ich glaube fast, du bewegst dich am Rande der Gotteslästerung, also ich weiß nicht recht, ich muss sehr genau darüber nachdenken…"

Der Dottore schaute verdutzt: „Mein guter Francesco, da irrst du gewaltig. Ich bin ganz gewiss kein Gotteslästerer. Im Gegenteil, ich bin mir absolut sicher, dass Gott existent ist, dass er allgegenwärtig ist und dass in jedem von uns ein Teil von ihm lebt. Wir müssen das nur wahrnehmen wollen, wir müssen mit ihm sprechen. Und wir werden auch Antworten bekommen. Weshalb stellst du mich dann in die Ecke der Gotteslästerer?"

Der Kirchenmann Francesco machte einen Rückzieher: „So wie du das dargestellt hast, nämlich Gott wäre Chaos gewesen, bevor er die Welt schuf, so wollte ich das nicht stehen lassen. Aber jetzt begreife ich, wie du das gemeint hast. Wir können uns durchaus auf einem Weg treffen, ich bitte um Nachsicht, wenn ich dich beleidigt habe mit meinen Worten!"

„Ganz sicher bin ich nicht beleidigt, wir diskutieren schließlich über alles, was möglich ist und auch zu diesen Themen gehört. Beleidigungen kann und darf es deshalb nicht geben." Der Dottore lächelte mild und Francesco stand auf und schüttelte dem Dottore lange und herzlich die Hand.

Die beiden Piloten hatten eine ganze Weile miteinander geflüstert, jetzt fragte Umberto: „Du, Dottore, sage uns mal, was du vom Buddhismus hältst, es würde uns sehr interessieren. Wir haben, um das von vornherein zu sagen, mehrere Bücher über diese Religion gelesen, unter anderem auch vom Dalai Lama selbst."

Matthias Zollinger antwortete: „Was ich persönlich davon halte? Ich kann nur sagen, dass der Buddhismus eigentlich nicht in unser Konzept der Evolution passt.

Er ist die einzige Religion, die auf Gott nicht eingeht. Manche Buddhisten in Europa und speziell in den USA bestreiten Gott und glauben somit, die Intellektuellen auf ihrer Seite zu haben. Im denkerischen Resultat kann ich mit diesen Leuten nicht einig gehen."

Niemand aus der Runde gab seine Meinung zu dem Buddhismus kund, Nikolas Becker wollte aber das Thema ergänzen: „Um ehrlich zu sein, mir persönlich ist es gleichgültig, ob die Buddhisten auf Gott eingehen oder nicht. Ich kenne einen hochkarätigen und finanziell gut ausgestatteten Mann, der unlängst in Dharamsala war…“ Ritschi unterbrach Nikolas und sagte, dass dieser Ort bestimmt nicht in Italien sei. Ein lautes Lachen folgte und Umberto, der Pilot meinte: „Ach Ritschi, natürlich ist Dharamsala nicht in Italien, es ist in Indien, nahe der tibetischen Grenze. Stimmt doch, Nikolas?“

„Es stimmt exakt, mich hätte auch gewundert, wenn du als Pilot das nicht gewusst hättest. Jedenfalls ist dort ein beachtlich großes Zentrum des Buddhismus, auch der Dalai Lama lebt dort, quasi im Exil. In Tibet darf er nicht leben. Kurzum, in diesem Zentrum werden Seminare und Schulungen durchgeführt, man kann dort wohnen und in der Zeit, auch unter Anleitung, zu sich selbst finden. Der Buddhismus ist im Grunde genommen eine sehr edle Religion, ist jedoch nicht mit den Religionen, die wir kennen, vergleichbar. Der Friede und die Friedfertigkeit der Menschen untereinander ist erstes Gebot. Und das finde ich ausgesprochen gut; ich denke, mancher Religion täte es gut, wenn sie sich mehr um den Frieden kümmern würde.

Nachgewiesener Maßen haben große internationale Kirchen auch schon Geld für Waffen in Krisengebiete geliefert. Mit Friedfertigkeit hat das sehr wenig zu tun, es ist ein völlig unakzeptables Verhalten. Aber das nur am Rande. Der vorhin von mir angesprochene Mann, der in Dharamsala war, ist begeisterter Anhänger der buddhistischen Lehre und trotzdem Christ. Er hat dort große Geldsummen gespendet, wobei es ihm darum ging, die buddhistische Idee durch Seminare, Schulungen und Publizierung der Friedensidee möglichst weit zu verbreiten. Dass viel Geld dafür gebraucht wird, ist durchaus verständlich.

Das war also mein Beitrag zum Buddhismus. Vielleicht hat er dir, lieber Matthias, nicht besonders gut geschmeckt, aber man kann es schließlich erwähnen."

Matthias Zollinger ging auf das gerade von Nikolas Becker angesprochene Thema überhaupt nicht ein, es interessierte ihn offensichtlich in keinster Weise.

„Unsere Veranstaltung, wenn ich das so nennen darf", der Dottore ergriff nochmals das Wort, „ist eigentlich beendet. Obwohl es noch unglaublich viel zu sagen gäbe, allein die Zeit wird knapp, es ist schon später Nachmittag. Morgen im Laufe des Vormittags sollten wir in Genua sein; während unseres Internisten-Forums habe ich alte Freunde getroffen, die in Sachen Evolution und Astrophysik junge Menschen unterrichten. Ich habe mich überreden lassen, an dieser Privat-Universität zwei Vorträge zu halten. Es ist eine internationale Institution, alle sprechen dort auch meine Sprache, wie ihr auch. Außerdem bin ich weder auf die Eisenbahn noch auf das Flugzeug angewiesen, ich habe meinen eigenen Fahrer – Nikolas, das ist sicher nicht beleidigend für dich?"

„Ach Matthias, natürlich bin ich beleidigt, wenn du mich zu deinem Fahrer degradierst. Als persönlicher Referent hätte ich mich wohler gefühlt. Aber wir sind schließlich Freunde. Und das reicht mir auch, ich meine das positiv."

Enrico, den Marmorchef, plagte offenbar die Neugierde: „Darf man fragen, lieber Dottore, welche Themen du den Leuten in Genua vorträgst?"

„Natürlich darfst du fragen. Es geht zum einen um kleinste Teile, aus denen sich die Materie zusammensetzt, und zum anderen geht es um die Informationszentrale DNA und um Retroviren. Ein nicht ganz einfaches Thema, aber die jungen Leute in Genua sind momentan dabei, diese Themen zu bearbeiten. Ihr könnt natürlich alle nach

Genua kommen und euch mit diesem Thema beschäftigen."

Das wollten die Freunde allerdings nicht, schließlich hatten sie auch ihr Tagwerk zu verrichten.

Jetzt erfolgte die große Verabschiedungs- und Dankeszeremonie mit dem Hinweis und dem Versprechen, dass man sich wirklich nicht zum letzten Male sehen würde.

Willy Ehmann setzte noch eins drauf: „Ich hätte mir das sehr gerne angehört in Genua, ein wenig habe ich mich mit diesen Themen sehr wohl befasst, auch wenn mein Freund Nikolas dies nicht zu glauben vermag. Aber ich habe noch Termine in Parma, vor allen Dingen muss ich Schinken, Parmigiano, Wein und noch einiges mehr mitbringen. Wenn das nicht klappt, bekomme ich Ärger mit Giuseppina, meiner Frau. Sie kommt schließlich aus Parma, und die Verwandtschaft dort hat auch noch einiges auf dem Herzen."

Provozierend meinte der Dottore zum Schluss: „Mein lieber Willy, wenn dir der Schinken und der Käse wichtiger sind als meine hochkarätigen Vorträge in Genua, dann spricht das für dich."

Willy brummte vor sich hin: „Wer hat denn gesagt, dass Essen und Trinken Leib und Seele zusammenhält? Ich meine, der Dottore war das…"

Kapitel 8

„Der Glaube ist ein großes Gefühl von Sicherheit für die Gegenwart und die Zukunft, und diese Sicherheit entspringt aus dem Zutrauen auf ein übergroßes, übermächtiges und unerforschliches Wesen. Auf die Unerschütterlichkeit des Zutrauens kommt es an.

Johann Wolfgang von Goethe (1749-1823), deutscher Dichter

Spätestens um 11 Uhr wollten der Dottore und Nikolas Becker in Genua sein.

„Wie weit ist es denn noch, das dauert endlos", dem Dottore war offenbar langweilig.

„Wir fahren jetzt gerade eine halbe Stunde, mein Gott, und die Autostrada ist um diese Zeit eben stark frequentiert. Aber beruhige dich, wir sind in spätestens einer Stunde dort. Weißt du überhaupt, wo die Privat-Universität ist?"

„Natürlich weiß ich das", antwortete der Dottore fast beleidigt: „Am Ortseingang irgendwo."

„Aha, das ist eine klare Antwort. Ist der Flughafen in der Nähe?" fragte Nikolas Becker naiv.

„Ja, natürlich, also weißt du es doch. Fahr einfach Richtung Flughafen, dann kommen wir direkt an das Gebäude." Zufrieden mit sich selbst lehnte sich Matthias in den Sitz zurück und schloss seine Augen. Was bedeutete, dass er nichts mehr zu sagen hatte.

Tatsächlich kamen sie unmittelbar nach 10 Uhr an der Universität an. Am Haupteingang stand ein gutaussehender Mann mit einer Zigarette in der Hand und winkte auffällig.

Die beiden stiegen aus und Matthias sagte: „Das ist er also, mein alter Freund Giovanni. Man erkennt ihn an der Zigarette. Immer hat er eine am Qualmen."

Die beiden begrüßten sich sehr herzlich, und Matthias stellte ihn als Professore Giovanni di Stefano vor. Die beiden hatten sich vor vielen Jahren auf der Universität in Bonn beim Medizinstudium kennengelernt und daraus war eine lange und gute Freundschaft entstanden. Eigentlich war di Stefano Tessiner aus Locarno, aber er hatte dem Ruf als Chef für die noble Privatuniversität nicht widerstehen können. Und da die Scheidung von seiner Frau gerade im Laufen war, wollte er im Klinikum Lugano keinen Posten übernehmen. Außerdem war es, wie er später lachend erklärte, auch eine Frage der Finanzen.

Gemeinsam gingen sie durch die architektonisch wunderschön gestaltete Eingangshalle zum Büro des Professores. Espresso und frische Croissants waren parat; Giovanni und Matthias plauderten von alten Zeiten mit dem Hinweis, dass man sich viel öfter sehen sollte.

Es war zwischenzeitlich fast 11 Uhr und der Professor sagte, dass Pünktlichkeit erstes Gebot in diesem Hause wäre. Der große Hörsaal war bis auf den letzten Platz besetzt, und als die drei ihn betraten, ertönte Applaus, die Studierenden trommelten auf ihren Bänken und Pulten.

Giovanni di Stefano stellte Matthias Zollinger kurz vor und dieser betrat das Rednerpult. Redegewandt wie er war, stellte er sich nochmals vor als Spezialist für alles Außerirdische. Die Lacher waren natürlich alle auf seiner Seite.

„Jetzt kommen wir aber zum wichtigsten Teil; ich werde Ihnen einiges erzählen über Gottesteilchen, über Paläoontologie und, wenn es die Zeit noch erlaubt, vielleicht noch über die Entwicklung des Lebens im Allgemeinen.

Gibt es kleinste Teile, aus denen sich die Materie zusammensetzt? Eine Frage, die Naturwissenschaftler und Philosophen über Jahrtausende beschäftigt.

Demokrit und Leukippos waren im antiken Griechenland Vordenker, die auf der Basis der reinen Logik Erkenntnisse über die Materie erarbeiten wollten. Die Materie, so wie wir sie wahrnehmen, ist teilbar. Aber es muss einen Punkt geben, an dem die Teilbarkeit beendet ist, weil man irgendwann auf die kleinsten möglichen Bestandteile trifft, denen man den Namen ‚Atomos' gegeben hat. Als die ‚Atome' entdeckt wurden, konnte man sie kurz danach auch spalten. Nun entdeckte man Materieteilchen, die verglichen zur Größe der Atome unvorstellbar klein waren. Diese Elementarteilchen heißen Leptomen, Quarks, Photonen oder Gluonen.

Exoten unter den Elementarteilchen sind die Higgs-Bosonen, nach dem englischen Physiker Higgs benannt. Die Higgsteilchen sind Teile des Higgsfeldes, das in der Lage ist, Elementarteilchen Masse zu verleihen. Die Eigenschaft der Higgsteilchen gab den Anlass, sie Gottesteilchen zu nennen, weil sie eine wichtige Rolle bei der Entstehung der Materie spielen; eine sicher voreilige Namensgebung. Ob das Higgsfeld die einzig mögliche Form der Materieentstehung ist, sei dahingestellt. Die Vorgänge in der Natur laufen in der Regel komplex und mehrspurig ab.

In den Lehrbüchern der Teilchenphysik werden den Higgs-Bosonen folgende Eigenschaften zugeschrieben: Ladung neutral; Masse 2,2 mal 10 hoch minus 25 kg: *spin.*, also die Drehung, ist Null, Lebensdauer zirka 10 hoch minus 22 Sekunden.

Die Logik der Atomosphilosophen fordert aber die Existenz von Energiefeldern oder Teilchen, die nicht mehr teilbar sind und dadurch auch nicht mehr zerstörbar. Der Mangel an Zerstörbarkeit fordert den Begriff Unsterblichkeit heraus. Ein Energiefeld, das nicht zerstörbar ist, nennen wir nun einfach Alpha-Feld. Dieses Feld ist in der Lage, zusammengesetzte Strukturen zu bilden und aus sich heraus zu exprimieren. Diese Strukturen reifen letztlich durch evolutionäres Wollen zu komplexeren Entitäten heran; das Alphafeld besitzt also Wille und Vorstellungskraft verbunden mit einer gigantischen Energie.

Der Philosoph Edward Moore entwickelte den ontologischen Atomismus. Danach besteht die Wirklichkeit aus kleinen und einfachen Bestandteilen, die er Begriffkonzept nennt. Und nun sind wir wieder unversehens in Faust's Studierstube: ‚Am Anfang war das Wort'. Könnte man den Begriff ‚Konzept' nicht auch mit dem Wort ‚Idea' tauschen?

So, meine sehr geehrten Damen und Herren, ich denke, dass wir eine kleine Pause einlegen sollten. Insbesondere deshalb, weil Ihr Professore Lust auf eine Zigarette hat und Sie wahrscheinlich auch. Nachher geht es weiter mit der Informationszentrale DNA."

Der Professore winkte wohlwollend und meinte, dass der Dottore wahrscheinlich auch gerne ein Schlückchen trinken wolle, schon wegen seiner Stimmbänder.

Es dauerte nur eine Viertelstunde und alle Plätze waren bereits wieder besetzt.

„Ich hoffe sehr, dass Ihnen, meine Damen und Herren, und Dir, lieber Giovanni, der Tabak geschmeckt hat. Obwohl alle wissen, dass Rauchen nicht gerade gesundheitsfördernd ist. Aber jetzt kommen wir zum angekündigten Thema.

1953 entdeckten Francis Crick und James Watson die Struktur des Erbgutes im Zellkern. Ausschlaggebend waren die Röntgenaufnahmen der DNA durch Rosalind Franklin. Es lag nahe, der DNA einen antiparallelen Verlauf zuzuschreiben. Für die Neulinge hier einen Satz zu DNA, das eigentlich ein Kunstwort ist: Es ist ein in allen Lebewesen und in bestimmten Virentypen vorkommendes Biomolekül und Träger der Erbinformationen, also der Gene. Fahren wir fort: Die DNA-Stränge werden durch Wasserstoffbrücken zusammengehalten. Ein etwas merkwürdiger Streit kam nun zustande: War das eine Entdeckung oder eine Erfindung? Mir persönlich ist keine Literaturstelle bekannt, aus der hervorgeht, dass Gott Watson Crick um Rat gefragt hat, wie er das machen soll mit der DNA.

Seit der Entdeckung der Doppelhelix ging man davon aus, dass die Informationszentrale DNA nur wenig variabel sei. Das Wissen um die Evolution konnte diese Einstellung eigentlich nicht zulassen. Dennoch war man davon überzeugt.

Barbara McClintock aus Brooklyn, New York, entdeckte in ihrem Labor, dass Gene springen, das nennt sich Transposon, oder ihren Platz wechseln können. Man konnte nicht verstehen, weshalb. Als Barbara McClintock diese Beobachtung publizierte, erntete sie den Spott der Kollegen, allerdings 1983 auch den Nobelpreis, sie war damals 81 Jahre alt. Änderungen der DNA-Struktur sind eine Voraussetzung für die Änderung des Phänotyps beziehungsweise der Eigenschaften des Phänotyps.

In der Evolution spielen Retroviren eine sehr wichtige Rolle. Nach Bannert machen die Retroviren zirka acht Prozent des menschlichen Genoms aus. Die Molekularbiologen vertreten die Auffassung, dass ein uraltes Retrovirus, in das Genom eingebaut, das Kind einer schwangeren Frau vor dem Immunsystem der Mutter schützt.

Bis jetzt wurden 3000 Virusarten entdeckt. Ein Virus hat keinen eigenen Stoffwechsel und benötigt Wirtszellen zur Fortpflanzung.

Polavarupo fand 2006 eine Übereinstimmung der Genomposition der Retroviren beim Menschen und beim Schimpansen. Bei Gorillas ist diese Übereinstimmung weniger deutlich. Insgesamt betrachtet ist dies ein starker Hinweis für die Richtigkeit der Evolutionstheorie. Ein weiterer Hinweis ist die Einfügung eines Provirus im gemeinsamen Stammbaum für Mensch, Schimpanse und Gorilla.

Meine lieben Studierenden, jetzt schauen Sie sich nicht prüfend an, niemand sieht aus wie ein Affe und zum Lachen gibt es auch nichts, denn: Beim Menschen ist der genannte Provirus wieder verschwunden. Bei Gorilla und Schimpanse blieb er aber erhalten. Auch diese Befunde sind starke Hinweise auf die Richtigkeit der Evolutionstheorie.

In der Molekularbiologie gibt es eine verhältnismäßig junge Disziplin: Die Epigenik. Erforscht wird der Einfluss der Umwelt auf das Genom. Dadurch kann eine Veränderung des Verhaltens der

Nachkommen eintreten und möglicherweise auch eine Änderung des Phänotyps. Man kann beispielsweise eindrucksvoll belegen, wie das Fress- und Trinkverhalten der Eltern das Verhalten der Nachkommen beeinflusst.

Der Lamarckismus erfährt mit der Epigenik eine teilweise Rehabilitation. Nach Lamarck ist das Umfeld hauptverantwortlich für die Artenentwicklung. Sein kompletter Name war übrigens Jean-Baptiste Pierre Antoine de Monet, Chevalier de Lamarck, geboren am 1. August 1744 in Bazentin-le-Petit, das liegt in Nordfrankreich, gestorben ist er am 18. Dezember 1829 in Paris."

Das sagte der Dottore unbewegten Gesichtes und ohne seine Notizzettel zu gebrauchen. Giovanni di Stefano, der neben Nikolas saß, flüsterte Nikolas ins Ohr: „Der Mensch muss ein riesiges Hirn haben. Aber das war früher schon so." Und Nikolas antwortete leise: „Damit hat er mich auch schon oft verblüfft."

Der Dottore fuhr fort: „Charles Darwin, übrigens ein überzeugter Kirchgänger, veröffentlichte 1859 das Buch ‚The Origin of Species', auf Deutsch: ‚Über die Entstehung der Arten'. Titel und Inhalt zeigen bereits die Kernideen des Darwinismus in Kurzform.

Wo bleiben jetzt die Kreationisten angesichts starker Beweise für die Evolutionstheorie? Die Kreationisten haben sich einen eigenen Gott erschaffen, der nach ihrer eigenen Vorstellung arbeitet und gewissermaßen die Lebewesen aus seinem Hut zaubert wie ein Varietekünstler. Für sie gilt nur das, was in ein paar Büchern oder Schriften überliefert worden ist. Demnach wäre die Menschheit erst maximal 12000 Jahre alt. Ein ausgesprochener Unsinn; das kann jeder gebildete Mensch nachvollziehen.

Meine sehr verehrten Damen und Herren, ich hoffe, dass Sie von dem Gehörten einiges mitnehmen können; wie ich von Ihrem Professor hörte, sind Sie momentan dabei, speziell in Sachen Evolution zu arbeiten. Es ist ein unerschöpfliches Thema, es grenzt mit Sicherheit an die Unendlichkeit. Und diese ist kaum oder gar nicht zu definieren. Wie ich höre, ist jetzt Mittagspause. Wenn Ihr Professor zustimmt und Sie es wollen, dann können wir nach dem Essen ein weiteres Thema angehen, nämlich die Paläoontologie. Ich muss zugeben, dass gerade die Lebewesen verflossener Erdzeitalter zu meinen Lieblingsthemen gehören."

Im Hörsaal wurde geklatscht und auf die Tische geklopft, was eindeutig Zustimmung bedeutete. Und Giovanni di Stefano meinte, dass er gegen diese große Übermacht ohnehin nicht ankomme. Er lächelte aber dabei und sagte zu Matthias und Nikolas: „Ihr beiden, ich sehe es euch an, ihr habt Hunger. Und deshalb gehen wir jetzt rüber ins Ristorante. Ich habe unserem Koch gesagt, dass heute hoher Besuch im Hause sei und er sich etwas Ordentliches einfallen lassen sollte. Ich habe da keine Bedenken. Lassen wir uns einfach überraschen. Übrigens, einen guten Wein hat er immer in seinem Repertoire, da könnt ihr sicher sein."

Würdevoll ging er voraus und die beiden folgten ihm. Direkt neben dem Hörsaal war das sogenannte Ristorante: Ein Michelin-Sternelokal in beachtlicher Größe tat sich auf. Stilvoll eingerichtet mit modernen Möbeln und sehr viel an Blumen und an den Wänden die passend ausgewählten Bilder.

Nikolas staunte und meinte: „Wenn ich an unsere Mensa in der Heidelberger Universität denke, also eine Schnellgaststätte ist der wahre Luxus dagegen. Hier macht das Studieren wirklich Spaß."

„Mahlzeit", sagte Matthias Zollinger und eilte den beiden voraus zu dem in einer Ecke sehr dekorativ eingedeckten Tisch.

„Wenn es etwas zu essen gibt, dann ist Matthias blitzschnell, er sieht mit wachsamem Auge sofort, wo sein Platz ist."

„Das war schon früher so“, sagten Giovanni und Matthias unisono.

Kapitel 9

„Die Vernunft entrüstet sich bei dem Gedanken, all das dem Zufall zuzuschreiben. Zwei Dinge erfüllen das Gemüt mit Bewunderung und Ehrfurcht: Der gestirnte Himmel über uns und das moralische Gesetz in uns."

Immanuel Kant (1724-1804), deutscher Philosoph

Das Mittagessen war beendet und der Hörsaal war bereits wieder bis auf den letzten Platz besetzt; man hatte den Eindruck, dass jetzt noch mehr Studierende anwesend waren als bei der Morgen-Vorlesung.

Matthias Zollinger und Nikolas Becker zollten dem Mittagessen allerhöchstes Lob aber der Professor wiegelte ab und meinte: „Wir sind eine private Universität, die Leute bezahlen nicht gerade wenig an Studiengebühren, also gibt es auch etwas Ordentliches zu essen. Wir drei wurden heute allerdings besonders bevorzugt behandelt von unserem Küchenchef, übrigens ein Schweizer, der in noblen Häusern gekocht hat!"

„Du hast schon immer gewusst, was gut ist. Wir hatten einmal in Deutschland einen Minister, der sich einen eigenen Sternekoch engagierte, warum auch nicht? Ich kann mir das nicht leisten. Du natürlich schon, weil du es nicht bezahlen musst“, Zollinger lachte worauf der Professor todernst meinte, dass er sehr genau kontrolliert werden würde.

Der Doktor schritt wieder ans Rednerpult und verkündete, dass man nunmehr gestärkt ein relativ schwieriges Kapitel behandeln wolle: „Die Paläoontologie ist ein unglaublich faszinierendes Thema, beinhaltet es doch Zeitabläufe von Millionen und Abermillionen von Jahren. Es ist aber doch nur ein Stück der Evolution, die Milliarden Jahre währt, wie viele es sind, das weiß kein Mensch, es lässt sich nur erahnen. Wir selbst sind Bestandteil dieser Evolution, die sich immer weiter entwickelt. Das Hochenergiefeld Gott hat das so eingerichtet, dass die stetige Entwicklung dauernd fortschreitet.

Wobei wir nicht alles, was uns nicht passt, Gott überlassen dürfen, nach dem Motto, *Der wird es schon richten*. Ich sage immer gerne: Ursache und Wirkung. Wir haben unglaublich viel mitbekommen, also können wir durchaus selbst bestimmen, was aus uns wird. Bis hin zu Krankheiten oder sonstigen Dingen. Wenn wir täglich einen Liter Grappa trinken, dann ist vorprogrammiert, dass unsere Leber relativ schnell ihren Geist aufgibt. Und wenn wir faul in der Gegend herumlungern, nichts lernen, nichts tun, auch dann steht fest, dass wir im Endeffekt bestimmt kein schönes Leben führen können. Die positiven Grundlagen hat man uns mitgegeben, wir müssen sie allerdings auch nutzen.

Aber jetzt habe ich mich, um ehrlich zu sein, regelrecht verzettelt. Ich wollte Ihnen etwas über Paläoontologie erzählen. Falls Sie Fragen dazu haben, unterbrechen Sie mich einfach, wenn ich kann, beantworte ich natürlich alles, was Sie wissen wollen.

Der Begriff Paläoontologie, *palaios*, bedeutet Alt und *ontos* Seiendes. Es werden Lebewesen verflossener Erdzeitalter behandelt; in Gesteinen fixierte Skelette oder erhaltene Körperstrukturen geben Auskunft über vergangene Lebensformen.

Der französische Anatom Henri de Blainville prägte den Begriff Paläoontologie. Das Alter der Funde, also beispielsweise Fossilien, kann man mit der Radiokarbonmethode messen: Die Lebewesen nehmen mit der Ernährung C14 auf, ein radioaktives Isotop des Kohlenstoffes C12. Im Todesfall wird C14 nicht mehr aufgenommen, es wird dann nur noch abgebaut und nach zirka 50000 Jahren ist kein C14 mehr vorhanden; diese Methode ist dann untauglich.

Bei größeren Zeiträumen benutzt man andere Isotope, also Kalium oder Argon. Die Halbwertzeit dieser Isotope liegt bei 1,25 Milliarden Jahren.

Meine Damen und Herren, ich sehe gerade in meinen Notizen, dass diese Serie doch umfangreicher werden sollte - ich muss einfach ausführlicher und detaillierter vortragen. Ich möchte natürlich, dass Ihnen dieses Thema auch für Ihre zukünftige Arbeit Nutzen bringen kann. Immerhin, ich habe das bereits betont, springen wir in Zeiträumen herum, die so groß sind, dass man es eigentlich überhaupt nicht fassen kann. Und doch ist es so. Wenn es Ihnen zuviel wird, kann ich durchaus Teile davon kürzen, wobei ohnehin nicht alles gesagt werden kann. Geben Sie mir einfach ein Signal."

Das Signal kam *stante pede* in Form von *weitermachen, weitermachen.*

„Dann machen wir mal weiter; möglicherweise erschrecken diejenigen von Ihnen, die sich mit diesem Thema noch nicht ausgiebig befasst haben. Aber ich versichere Ihnen: Je weiter wir ins Thema kommen, desto interessanter wird es, insbesondere dann, wenn man es komplex betrachtet.

Das Zeitalter von jetzt bis 6,5 Millionen Jahre zurück wird als Tertiär bezeichnet.
Der Zeitraum von 6,5 bis 144 Millionen Jahren heißt Kreide. In diesem Zeitraum entstanden die Vögel und die Säugetiere.
Das Jurazeitalter liegt bei 144 bis 213 Millionen Jahren; in diesen Zeitraum fällt die Entstehung der Agnathen, Chondrichthyes, Amphibien und Reptilien.
Um auch die anderen Zeitalter kurz zu erwähnen:
Trias: 213 bis 248 Millionen Jahre
Perm: 248 bis 286 Millionen Jahre
Karbon, Devon: 286 bis 408 Millionen Jahre
Silurium: 408 bis 438 Millionen Jahre
Ordovizium: 438 bis 505 Millionen Jahre
Kambrium: 505 bis 590 Millionen Jahre

Als Ursprung der Wirbeltiere gelten die Chordaten. Allerdings ist es sehr schwierig, Chordaten zu finden. Ein erlaubter Kunstgriff ist es, rezente Chordaten als Aussagehilfe zu benutzen. Bei allen Wirbeltieren werden während der intrauterinen Entwicklung seitlich des *pharynx*, also dem Kehlkopf, Kiemenbögen entwickelt. In der Entwicklungsreihe der Chordaten kommen zuerst…"
Jetzt wurde Dr. Zollinger unterbrochen, eine jun-

ge, hübsche Dame in der ersten Reihe fragte sehr schüchtern, was denn Chordaten seien.

Sichtlich erfreut über die Frage erklärte Matthias Zollinger: „Mit einem Gesangverein haben sie überhaupt nichts zu tun, betonen Sie beim Aussprechen die erste Silbe ganz kurz und die zweite Silbe sehr langsam. So, und Chordaten sind Fische, die keine Wirbelsäule, sondern einen Knorpelstab im Rücken haben, der nennt sich *chorda dorsali*. Daraus entwickelt sich dann die Wirbelsäule bei den Vertebraten, das heißt, die Knochenpanzer in der Außenschicht wandern in der Evolution nach innen und bilden die Wirbelsäule. Die Rippen sind Rudimente des oberflächlichen Knochenpanzers.

Kommen wir jetzt wieder zurück auf die Entwicklungsreihe der Chordaten. Zuerst kommen die Urchordaten, die Hemichordaten und die Cephalochordaten. Ontogenetisch können Anneliden, Arthropoden und Cephalopoden als Ursprung der Chordatenentwicklung gesehen werden. Die Aussage über paläoontologische Chordaten wird erleichtert durch das Lanzettfischchen, es nennt sich Branchiostoma lanceolatum, das zu den Cephalochordata zählt und zirka sechs Zentimeter groß werden kann.

Das Lanzettfischchen kann in den flachen Gewässern des Atlantik und des Mittelmeeres gefunden werden und es ermöglicht viele Aussagen über die Entwicklung der Vertebraten.

Beim Lanzettfischchen sind Kiemenbögen nachweisbar wie bei der embryonalen Entwicklung des Menschen.

Mesenchymale Zellen aus der Neuralleiste wandern in den pharyngealen Kopfraum ein und bilden die Schlundbögen. Der fünfte Kiemen oder Schlundbogen ist nur andeutungsweise angelegt. Der vierte und sechste Kiemenbogen verschmelzen miteinander und das Ektoderm wandert in die Schlundfurchen ein; dadurch entstehen in der Innenseite Schlundtaschen, *sacci pharyngealuis*. Die Schlundbögen enthalten Knorpelelemente, Muskelanlagen, Schlundbogennerv und Schlundbogenarterie.

Aus den ersten Schlundbögen bilden sich die Gehörknöchelchen, Hammer, *malleus*, und Amboss, *incus*. Ober- und Unterkiefer gehen auch daraus hervor, ebenso das Jochbein, das Schläfenbein und der Zwischenkieferknochen. Gaumenmuskeln und Mundboden finden darin ihren Ursprung.

Zweiter Schlundbogen oder Hyoidbogen: Daraus entwickelte sich der Steigbügel, *stapes*, ebenso der *processus styloideus* mit Muskulatur. Der nervus facialis entwickelte sich aus dem Hyoidbogen heraus.

Dritter Schlundbogen: Es bilden sich daraus ein Teil des Zungenbeinkörpers oder *cornu majus* und die obere Pharynxmuskulatur.

Vierter Schlundbogen: Es bilden sich daraus ein Teil des Schlundknorpels und Teile der Pharynxmuskulatur.

Sechster Schlundbogen: Er verschmilzt mit dem vierten, Teile des Schildknorpels und alle inneren Kehlkopfmuskeln bilden sich daraus.

Aus der ersten Schlundfurche entsteht der äußere Gehörgang und ein Teil des Trommelfells.

Bis hierher wollte ich Ihnen einen kleinen Abriss geben über die Entstehung von Organen und Organteilen aus den Kiemen oder Schlundbögen und Schlundfurchen.

Man kann eine Reihe von Krankheiten aus missgebildeten Kiemenbögen ableiten: Beispielsweise eine Unterkieferspalte oder gedoppelte Aortenbögen mit tracheobronchialer Kompression. Stellt man sich vor, dass die Evolution der Wirbeltiere von einem ‚Urfisch' ausgeht und dass sie 150 Millionen Jahre dauert, so wird in einer Schwangerschaft die Entwicklungszeit auf neun Monate komprimiert.

Das ist mehr als erstaunlich, und in die göttliche Werkstatt der Evolution hineinzuschauen, müsste uns eigentlich mit großer Ehrfurcht erfüllen. Und wenn manche Menschen der Meinung sind, dass dieses alles zufällig geschehen wäre, dann muss zumindest ich an deren Intelligenz zweifeln..."

Wieder wurde Zustimmung durch Klatschen gegeben und Matthias Zollinger nutzte die kleine Pause, um einen Schluck zu trinken.

„Jetzt geht es weiter mit der Entwicklung der Wirbeltiere. Sie sehen, dass alles in irgendeiner Form zusammenhängt und, retrospektiv betrachtet, auch zusammenpasst."

Matthias Zollinger blätterte in seinen unergründlichen Notizen und fuhr dann fort: „Am Beginn dieser Entwicklung stehen die kieferlosen Fische, *Agnatha*. Die weiteste Verbreitung der Kieferlosen liegt im Kambrium. Im Maul waren zwar oft zahnartige Auswüchse, häufig gab es aber auch Kieferlose, die nur mit einem Kopfpanzer ausgestattet waren, ohne Zähne. Das Flussneunauge stellt eine rezente Art der Rundmäuler, *Cyclostomata,* dar und ist bis heute erhalten. Eine andere Spezies ist der Schleimaal. Sein Kampfmittel gegen Feinde ist die Fähigkeit, schnell und viel Schleim zu bilden zu können, sodass der Fressfeind daran ersticken kann.

Die kieferlosen Fische aus dem Ordovicium, dem Silurium und dem Devon sind mit Panzerplatten bedeckt. Diese Platten lösten sich im Laufe der Evolution auf; daraus entstanden Rippen und Wirbelsäule. Zu den ausgestorbenen kieferlosen Fischen, den *Agnathen*, gehören auch *ptera spidimorphi, thelodonti* und *anaspida*.

Der nächste Evolutionsschritt zeigt sich in der Entwicklung der niederen Kieferfische. Die Ausbildung der Kiefer lieferte auch eine Waffe, die sowohl zum Nahrungserwerb als auch zur Verteidigung benutzt werden konnte, gut entwickelte Flossen kamen hinzu. Etwa 100 Millionen Jahre nach dem Erscheinen der Kieferlosen, den *Agnathen*, traten die Kieferfische in Szene.

Zur Gruppe der gepanzerten Kieferfische gehören auch die Placodermi, sie traten im Unterdevon in Erscheinung und sie sind vollständig von ihrem Panzer eingehüllt.

Die Arthrodiren entwickelten sich aus den Placodermen; offenbar scheint sich der starre Panzer nicht besonders gut bewährt zu haben. Es bilden sich gelenkartige Unterbrechungen im Kopf- und im Rumpfbereich. Der Beginn der Entwicklung ist bei den niederen Arthrodiren anzutreffen, *actinolepidae* und *phlyctoenidae*; zu den höheren Arthrodiren gehören *coccosteus*. Die Gelenkqualität hat sich bei den höheren Arthrodiren deutlich verbessert, Schwanz- und Kopfbewegungen wurden schneller und präziser.

Interessanterweise gab es aber auch gegenläufige Entwicklungen: Die Gruppe der Acanthothoraci zeigte eine Zunahme der Panzerung, vor allem im Kopfbereich."

Matthias Zollinger blickte aufmerksam in den Hörsaal: „Wie ich sehe, haben Sie das wahrscheinlich schwierigste Kapitel gut überstanden und Ihre Aufmerksamkeit ist immer noch groß, niemand scheint eingeschlafen zu sein, was für mich bedeutet, dass Sie an dem Thema wirklich interessiert sind..." Jetzt wurde Zollinger unterbrochen von Giovanni di Stefano: „Das würde gerade noch fehlen, dass hier geschlafen wird, das ist schließlich kein Schlafsaal." Er sagte das sehr nachdrücklich, obwohl Zollinger dachte, dass der Professor einen Scherz zum Besten geben wollte.

„Jawohl, Herr Professor, wir alle schlafen nicht, wir sind hellwach und wir kommen jetzt zu einem leichteren Thema, das aber zumindest so wissenswert ist wie das vorhergehende. Ich verspreche Ihnen schon im Voraus, dass es ungleich spannender ist", Matthias Zollinger richtete aus seinem unergründlichen Etui wieder ein paar Notizzettel und begann das nächste Thema.

„In den Meeren leben zwei Gruppen von Knorpelfischen, *elasmobranchii.* Zu denen zählen Haie, *selachii,* und Rochen, *batoidea.* Haie gehören zu den Tieren, die praktisch keine Krebskrankheit entwickeln können, ist das nicht bemerkenswert? Ich sage Ihnen kurz, weshalb das so ist: Die T-Zell-Gen-Cluster haben bei Haien eine außerordentlich hohe Mutationsrate in den Gen-loci, die für die Bildung von Antikörpern verantwortlich sind. Daraus resultiert eine schnelle Reaktion auch auf komplizierte Antikörpermuster.

Das Immunsystem der Rochen wiederum ähnelt dem des Menschen.

Die Leber der Haie ist sehr groß und ölhaltig, was die Einhaltung eines Schwebezustandes im Wasser erleichtert. Die Haie entstanden im Obersilur-Devon-Zeitraum, die archaischen Haie starben im Trias aus. Dann entstanden die rezenten Haie. Ich gebe Ihnen ein paar interessante Daten dazu:
Es gibt 500 Haiarten und 650 Rochenarten.
Der Walhai ist zirka 12 Tonnen schwer und 14 Meter lang.

Der Mantarochen wiegt zirka 1,5 Tonnen und hat eine Spannweite von sieben Metern.

Der Ursprung der Knorpelfische ist nicht bekannt, und die Abstammung von den *placiodermi* ist umstritten. Eine dritte Gruppe von Knorpelfischen sind die Seekatzen, *holocephali*.

Jährlich werden etwa 700000 Tonnen Haie und Rochen zum Verzehr gefangen. An dieser Stelle muss unbedingt erwähnt werden, dass Raubfische die höchste Konzentration an Schadstoffen haben, insbesondere Methylquecksilber. Demnach ist es auf jeden Fall gesünder, Opferfische zu essen.

Von den Knorpelfischen sind die Cladoselachi ausgestorben. Die Acanthadi gehören auch zu einer ausgestorbenen Fischklasse; sie sind eine Schwestergruppe der Knochenfische, *osteichthydes*.

Die rezenten Knochenfische haben zwei Unterklassen, einmal die *actinopterygii* und dann die *sarcopterygii*. Zur ersten Gruppe gehören Forelle, Barsch und zirka 20000 weitere Arten. Zu der zweiten Gruppe gehören Lungenfische, Quastenflosser beziehungsweise Tetrapodenbildner, die für den Landgang interessante Aspekte bieten.

Vielleicht kann ich an diesen Vortrag, der gleich beendet sein wird, noch ein paar Sätze sagen zum Thema ‚Landgang', ich denke, dass dieses Thema die Sache gut für Sie abrundet.

Kommen wir nochmals kurz auf die erste Gruppe: Der große Erfolg dieser liegt in der Fähigkeit, sehr effizient Nahrung aufnehmen zu können.

Die Osteochytes haben starke Kopfknochen, Zahnwurzeln und Kiefermuskeln am Unterkiefer. Der Kopf und Brustbereich ist bedeckt mit starken Knochenplatten und das Ohrlabyrinth enthält große Otolithen.

Außerdem besitzen sie eine Lunge oder eine Schwimmblase, einen vorderen und einen hinteren Teil.

Die Teleostei gehören zu den rezenten Arten der Osteichtydes, die älteren Teleostier sind im Obertrias und im Unterjura angesiedelt.

Zu den rezenten Teleostei gehören die Gruppen:

a) Osteoglossomorpha
b) Elepomorpha
c) Clupeomorpha
d) Enteleostei

Meine Damen und Herren, zur Abrundung des Paläoontologie-Themas könnten wir schlussendlich noch die Amphibien und die Säugetiere behandeln. Natürlich nur dann, wenn Sie es möchten und wenn Professor di Stefano seinen Segen dazu gibt. Also, wie fällt die Entscheidung?“

Im Hörsaal wurde wieder geklatscht und getrampelt, was ohne Zweifel Zustimmung bedeutete.

Professor Giovanni die Stefano trat vor: „Was sollte ich dagegen haben? Mich interessiert das Thema sehr. Aber eine Bedingung habe ich trotzdem: Wir machen eine kleine Zigarettenpause, nicht nur deshalb, weil ich Raucher bin, nein, ich denke an die Raucher, die hier im Saal sitzen. Wir machen das so. 15 Minuten sollten ausreichen, das reicht durchaus für drei Zigaretten."

Matthias Zollinger wollte noch etwas sagen: „Die Uneigennützigkeit Ihres Professors ist grandios. Er denkt eigentlich nur an seine Studenten und zum Schluss an sich. Die Evolution ist doch großartig, hiermit zeigt sie ihr gutes Gesicht. Dass ich es bin, der ununterbrochen redet und sein Gehirn anstrengt, und vielleicht gern einmal einen kleinen Schluck kalten Wein trinken würde, daran denkt er nicht. Ein wenig betrübt mich das schon, ich muss es gestehen."

„Mein lieber Freund, ich dachte immer, dass du mich kennst. In erster Linie habe ich die Pause angeregt, damit du einen Schluck Wein bekommst. Der Eiskübel mit einer ordentlichen Flasche steht bereits im Foyer, nur für dich..."

Kapitel 10

„Wer den lebendigen Gott von Angesicht zu Angesicht sehen will, soll ihn nicht am leeren Firmament seiner Gedankenwelt suchen, sondern in der Nächstenliebe."

Fjodor Michailowitsch Dostojewski (1821-1881), russischer Dichter

Frisch und gestärkt stand Dr. Zollinger wieder am Rednerpult. Man spürte, dass das zunächst gezeigte Interesse mittlerweile mit Spannung auf das nächste Thema gepaart war. Matthias Zollinger richtete und ordnete noch sein für keinen Menschen nachvollziehbares Zettelsammelsurium, das wie wüstes Durcheinander anmutete und doch eine gewisse Ordnung beinhaltete. Nun setzte er sein angekündigtes Thema in Worte.

„Wir sprechen jetzt über die Eroberung des Landes durch Amphibien. Diese sind Landwirbeltiere, die sich in Gewässern fortpflanzen können durch Eiablage. Im Gegensatz zur reinen Eiablage, um die sich dann nur noch die Natur kümmert, stehen die Amnionten, deren Embryonen von einer

Serosa, der Allantois und dem Ammion umgeben sind. Um die Eier der Amnionten kümmern sich häufig die Elterntiere.

Übrigens: Das Wort Amphibien rührt von dem altgriechischen *amphibios,* also doppellebig. Die Larven der abgelegten Eier atmen durch Kiemen, das fertige Individuum kann Luft atmen.

Von den rezenten Amphibien gibt es drei Gruppen:

1. Froschlurche
2. Schwanzlurche
3. Schleichenlurche

Bei diesen drei Gruppen handelt es sich um Nachfahren einer Gruppe von Knochenfischen, die im Oberdevon anfing, das Land zu erobern.

Es gibt etwa 7000 Arten von Amphibien; um einige stellvertretend zu nennen: Grottenolm, Goldstreifensalamander, Fadenmolch, Feuersalamander, Rotbauchunke, Knoblauchkröte, Laubfrosch, Erdkröte und einige Tausend mehr.

Die paläzoischen Amphibien waren einen Meter lang mit großen Schädeln; sie gehören zu den Ichthyostegiden und wurden in den onerdevonischen Schichten Grönlands gefunden.

Reptilien, *reptilis,* bedeutet übrigens kriechend, gehören zu den niederen Anamnias, deren Eier kein *amnion* haben und zu den höheren Wirbeltieren zählen. Die Eier werden an Land abgelegt, und die Haut wird durch Abstreifen regelmäßig erneuert. Sie besitzt Schuppen oder Panzerplatten; die Körpertemperatur wird wechselwarm reguliert.

Zum besseren Verständnis einige Beispiele für Reptilien: Blindschleiche, Kreuzotter, Sumpfschildkröte, Waldeidechse und unzählige andere. Zur Gruppe der ausgestorbenen Reptilien zählen die Dinosaurier.

Die Diaspida und Saurospida gehören zu einer Gruppe der Reptilien, die hinter den Augenhöhlen zwei Öffnungen am knöchernen Schädel haben. Zu den rezenten Diaspida gehört der amerikanische Kupferkopf, das ist eine Schlange, der Starweber, es ist ein Vogel, sowie der Missisippi-Alligator.

Die Leidosauromorpha gehören zu den Diapsiden, die aber mit den Schuppentieren verwandt sind, beispielsweise auch Krokodile und Vögel.

Um nochmals auf die Dinosaurier zu kommen, *deinos* bedeutet schrecklich und *sauros* gewaltig, jedenfalls gehören sie zur Gruppe der Landwirbeltiere, den Terapoden, und sie gelten als ausgestorbener Zweig der Reptilien. Sie bilden allerdings eine Einheit mit den Vögeln. In China wurden bereits Dinosaurier mit Federn gefunden.

Die Blütezeit der Dinosaurier reicht vom späten Trias bis zum Ende der Kreide.

Die Dinosaurier kann man einteilen in Theropoden, das sind Carnivoren, Sauropodomorphen, das sind Pflanzenfresser, Ankylosaurier, das sind vierbeinige Pflanzenfresser, Stegusaurier, das sind Knochenplatten tragende Pflanzenfresser, Ceratopsia, das sind Pflanzenfresser mit Hörnern, Nackenschildern und vier Beinen, sowie die Ornithopodens, das sind ebenfalls Pflanzenfresser.

Der starke Pflanzenbewuchs der damaligen Erde mit sehr hohen Bäumen und Büschen begünstigte das Größenwachstum der pflanzenfressenden Dinosaurier. Auch fleischfressende Dinosaurier konnten sehr groß werden; Tyrannosaurus rex wurde 12 Meter lang, der Spinosaurus brachte es bis auf eine Länge von 20 Metern und hatte ein geschätztes Gewicht von acht Tonnen.

Wir können uns das heute kaum vorstellen, und man kann nur staunen, was unsere Wissenschaftler erforscht und somit geleistet haben. Als Konträreffekt: Die kleinsten Dinosaurier waren nicht größer als ein Huhn.

Die Flugsaurier, *pterosauria,* gehören zu den ausgestorbenen Reptilien. Die Funde reichen vom oberen Trias bis zur Oberkreide. Es gab

Langschwanzflugsaurier, *ramphorhynchoidea*, und Kurzschwanzflugsaurier, *pterodactyloidea*.

Vor 66 Millionen Jahren kam es zu einem Massensterben auf der Erde. Alle Dinosaurier wurden vernichtet durch einen Meteoriteneinschlag, und etwa 50 Prozent der anderen Tiere unterlagen der Energiewelle des Meteoriten."

Matthias Zollinger besprach sich kurz mit Giovanni di Stefano, um dann wieder an den Rednerpult zu gehen.

„Sehr geehrte Damen und Herren, den Evolutionsabschnitt der Saurier haben wir gerade abgeschlossen. Ich bin der Meinung, um Ihnen wirklich eine abgerundete Information zu geben, dass wir unbedingt kurz über die Säugetiere sprechen sollen. Ich verspreche Ihnen, es dauert nicht lange, aber es gehört eben dazu.

Die Säugetiere gehören zu den Wirbeltieren. Milchdrüsen produzieren die Milch, um die Kinder zu ernähren. Das Fell besteht aus Haaren; es gibt zirka 55000 rezente Arten.

Während der letzten 65 Millionen Jahre waren die Säuger auf dem Land dominierende Wirbeltiere, und im späten Trias konnten die ersten Säuger nachgewiesen werden. Die Vorläufer der Säuger gehören innerhalb der Reptilien zur Klasse der Synapsida.

Die Synapsida können weiter unterteilt werden in Pelicosuria, Oberkarbon-Perm und in Therapsida, mittleres Perm-Jura.

Es ist mehr als erstaunlich, was die Evolution alles geschaffen hat. Wobei sie durch die Hyperenergie Gott in Bewegung gesetzt worden war.

Ich komme nochmals auf den Satz von vorher zurück: Zu den Pelicosuria und den Therapsida wurden folgende Unterarten definiert:

Protheria, eierablegende Säuger,

Metatheria, Beutelsäuger,

Eutheria, Placentatiere und beispielsweise auch der Mensch.

Säuger sind Landwirbeltiere, *tetrapoden*. Die Pelicosuria ähneln großen Echsen wie Leguane oder Warane. Die Pelicosuria machten in Peru 70 Prozent der Amnionta aus; die wichtigste Gruppe der Pelicosuria sind die Sphenacodontidae, es handelt sich um Carnivorae, das Gebiss war entsprechend ausgestattet.

Die ältesten Therapsiden können dem Oberperm zugeordnet werden, gefunden wurden sie im europäischen Russland. Die frühen Therapsiden waren Carnivoren und Herbivoren.

Die Ursäuger, *protheria*, hatten keine Zähne und verblüffenderweise hatten die Schlüpflinge einen sogenannten Eizahn, mit dem sie von innen die Eischale durchstoßen konnten, man muss es neidlos anerkennen: Eine beachtliche und sicherlich nicht zufällige schon beinahe technische Leistung; eine meisterhafte Konstruktion.

Die Metatheria haben eine unterschiedliche Anzahl von Zähnen, ungefähr zwischen 40 und 50 Stück.

Die Eutheria haben insgesamt 44 Zähne.

Ein typische Säugetiermerkmal sind die Gehörknöchelchen, *malleus, incus, stapes*. Sie sind im Mittelohr lokalisiert.

Weitere Säugermerkmale sind zum einen der Besitz eines Zwerchfells, dann haben sie ein gut entwickeltes Gehirn, und sehr wichtig ist, dass die roten Blutkörperchen keinen Zellkern besitzen.

Eine Reihe von Säugern haben sich im Laufe der Zeit wieder der aquatischen Lebensweise angepasst, zum Beispiel Wale. Robben und Seekühe wiederum sind gemischt angepasst. Es gibt tag- oder nachtaktive Säuger und Kathamerale, diese sind tag- und nachtaktiv.

Nach der Ernährungsweise gibt es Herbivoren, Carnivoren und Omnivoren, das sind Allesfresser.

Ein interessantes Thema, das manche von Ihnen vielleicht speziell interessiert“, jetzt grinste Matthias Zollinger ziemlich herausfordernd, „ist das Paarungsverhalten. Wobei ich keinesfalls empfehle, Beispiele zu inszenieren. Es ist jedenfalls Polygyn, ein Männchen paart sich mit mehreren Weibchen oder promiskuitiv, in diesem Falle erfolgt die Paarung mit mehreren Partnern. Drei Prozent der Säugetiere lebt monogam.

Unter Säugetieren ist die Polyandrie, ein Weibchen hat mehrere Männchen, relativ selten. Insgesamt sind die Säugetiere eine monophyletische Gruppe, sie haben alle gemeinsame Vorfahren.

Die Säugetiere haben sich aus den Synapsiden entwickelt, deren Blütezeit im Perm stattgefunden hat.

Vor 50000 bis 10000 Jahren kam es zu einem Massenaussterben der großen Säuger; alle Arten, die über eine Tonne schwer waren, starben aus. Die Ausnahme war in Afrika und Südasien. In Australien fand dieser Prozess vor 50000 bis 38000 Jahren statt; es verschwanden beispielweise das Beutelnashorn und das drei Meter hohe Riesenkänguru. Als Ursache für das Aussterben werden Überjagung und neuerdings die Klimaschwankungen diskutiert; letztere waren demnach auch bereits vor vielen Tausend Jahren auf unserer Erde erkennbar und sind somit kein besonderes Novum.

Der Ordnung halber möchte ich Sie noch darüber informieren, dass die von mir dargestellte Paläoontologie zum Teil aus Standardlehrbüchern entnommen wurde, zum Beispiel von den Autoren Wolpoff, Singer, Caroll et al. Es soll die Denkweise der Paläoontologen nahegebracht werden. Einleuchtend ist damit, dass die Entstehung der Lebewesen sicherlich kein Sechs-Tage-Phänomen ist. Sie beruht, wie vielfach erforscht und auch bewiesen, auf der Evolution und diese kann sich über Millionen von Jahren hinziehen.

Die Energie im Multiversum ist vielleicht unendlich, die Zeit aber ist es ganz gewiss.

Jetzt hoffe ich, meine Damen und Herren, dass es mir gelungen ist, Ihnen zumindest einen Blick in die Evolution zu verschaffen. Vieles wäre noch zu berichten, zu diskutieren und zu verifizieren. Aber mangels Zeit geht das leider nicht. Aber wer wirklich Interesse an dem Thema hat, der kann sich in jeder guten Bücherei oder Bibliothek mit Lesematerial versorgen. Aber passen Sie auf, dass Sie nicht allzu tief in die Materie gleiten; das könnte gefährlich werden. Ich sage Ihnen auch, weshalb: Es werden immer mehr Fragen auftauchen, Fragen, die niemand beantworten kann. Je mehr Sie aus der Literatur erfahren und wissen, desto mehr Fragen werden sich ergeben. Vor allen Dingen fallen Sie nicht auf falsche Propheten herein. Es wird gerade auf diesen Ebenen, also der Evolution, sehr viel geplappert, und Fanatiker, die nur ihre eigenen Weisheiten für richtig halten, gibt es überall.

Für Ihr interessiertes Zuhören danke ich Ihnen."

Dr. Zollinger verbeugte sich elegant vor den Studierenden und nahm mit einem entspannten Lächeln den tosenden Beifall entgegen.

Die freundschaftliche Verabschiedung von Professor Giovanni di Stefano folgte, und Matthias Zollinger und Nikolas Becker machten sich auf den Weg nach Hause.

„Die knapp 800 Kilometer haben wir bald geschafft, du wirst ohnehin die meiste Zeit schlafen, und wenn du wach wirst, dann hast du Hunger", grinste Nikolas Becker seinen Beifahrer an.

Der antwortete kurz und bündig: „Genauso habe ich das auch verdient. Ich habe schließlich gearbeitet, und du hast nur, ich habe das beobachtet, leicht schläfrig zugehört."

„Das stimmt natürlich nicht, schon deshalb, weil mich diese Themen sehr interessieren. Außerdem sind wir mittlerweile fast schon in Chiasso. Wir müssen später noch unsere nächsten Termine ausmachen, sicher gibt es noch einiges von deiner Seite zu unserem Generalthema zu berichten."

Nikolas Becker fuhr zügig Richtung Schweizer Grenze mit dem verlockenden Hinweis, dass es in der Raststätte Bellinzona ein hervorragendes Essen geben würde.

Sofort reagierte der Doktor: „Wie lange dauert es noch bis dorthin?“

„Eine gute halbe Stunde. Ich hoffe, dass du es noch so lange aushalten kannst. Ich jedenfalls werde eine Kalbsbratwurst essen“, antwortete Nikolas Becker.

„Und ich esse ganz sicher zwei“, entgegnete der Doktor.

„Die sind aber riesig groß“, meinte Nikolas.

„Dann ist es ja gut“, meinte der Doktor und stellte seinen Sitz tiefer, quasi in Ruheposition.

„Mit Chiasso ist es momentan nichts, wir stecken in einem ordentlichen Stau“, informierte Nikolas Matthias, der sofort hellwach war.

„Diese Staus, überall, mit etwas Intelligenz könnte man die doch verhindern, es ist ein Elend. Was da Zeit verplempert wird, von den Benzinkosten einmal ganz abgesehen…“ Nikolas schaltete sich dazwischen: „Wir können es nicht ändern, und wenn du die Generallösung hast, dann melden wir die zum Patent an. Aber ich überlege die ganze Zeit etwas anderes. Wann hast du die nächsten Termine in Heidelberg oder sonst wo? Also ich bin erst die nächste Woche wieder in verschiedenen Missionen unterwegs."

„Was ist heute für ein Tag?" Matthias Zollinger überlegte kurz.

„Donnerstag ist heute", Nikolas erfuhr sofort, dass Matthias erst am Montag wieder Termine hatte.

„Ich habe mir überlegt, dass wir in einem meiner Lieblingsorte, nämlich in Ascona, übernachten könnten. Zeit haben wir schließlich. Und außerdem sind es nur ein paar Kilometer. Ich könnte eine liebe Freundin anrufen, die würde uns ein Hotel reservieren. Außerdem könnten wir, vorausgesetzt, ich bekomme sie überhaupt ans Telefon und dass sie auch Zeit hat, gemeinsam mit ihr und noch ein paar Leuten einen interessanten Abend verbringen. Also, was meint unser Himmelskundiger?"

„Dann rufe doch die Frau endlich mal an, sonst geht ja wieder nichts vorwärts." Der Stau machte Matthias zu schaffen, er mochte, wie er schon öfter reklamiert hatte, solche Eingriffe in sein Privatleben überhaupt nicht.

Nikolas Becker wählte die Nummer, und Isabella meldete sich sofort. Sie freute sich ungemein über den Anruf und fragte: „Wo bist du denn, bist du in der Nähe?“

„Ich bin mit dem Dottore unterwegs, wir hatten eine ganze Reihe von Vorträgen in Carrara und in Marinella di Sarzana, und jetzt stecken wir im Stau vor Chiasso. Eigentlich würden wir gerne in Ascona übernachten. Könntest du uns im Hotel, das ich gut kenne, zwei Zimmer reservieren? Weißt du, das gelbe Hotel unten an der Schiffsanlegestelle, direkt an der Promenade; jetzt fällt mir doch der Name nicht ein.

Doch, jetzt weiß ich es: Hotel Piazza Ascona. Ich glaube, du sagtest, dass du die Hotelleute kennen würdest. Und schön wäre natürlich, wenn du Zeit hättest für das Abendessen mit uns.“

Innerhalb von ein paar Minuten rief Isabella zurück und sagte, dass alles erledigt sei, auch ein Tisch zum Essen sei reserviert. Ihre Tochter Sabrina, die nur ein paar Minuten vom Hotel wohnt, käme auch gerne mit. Und der Stau vor Chiasso sei jeden Tag, er würde sich relativ schnell auflösen. in einer guten Stunde wolle man sich am Hotel treffen. „Isabella heißt also die Frau“, Matthias Zollinger war jetzt ganz wach, „das ist ja interessant. Kennst du das Borgward-Isabella-Coupé? Eines der schönsten Coupés, die in Deutschland jemals gebaut wurden. Finde ich jedenfalls.

Womöglich ist diese Frau auch so schön? Ein herrliches Auto. Ein Studienfreund aus begüterter Familie hatte so eine Isabella, weiß mit dunkelroten Ledersitzen. Sagenhaft schön!"

„Ach Matthias, schwelge nicht so arg, du kannst dir doch so ein Auto kaufen. Wenn du 50.000 Euro hinlegst, bekommst du ein superschönes Modell. Schau einmal im Internet, es gibt sehr viele gute Angebote. Und, um es gleich zu sagen, ich nenne Isabella mit dem Nachnamen Borgward, obwohl sie einen völlig anderen Namen hat.

Warum auch nicht? Ich habe ihr unlängst von dem Coupé erzählt; natürlich hat sie es sich angeschaut und sie findet es auch super. Übrigens: Mutter und Tochter sind ebenbürtig mit dem Coupé, nur um deine Frage noch konkret zu beantworten. Zufrieden?"

Matthias war zufrieden. Er war sehr gespannt auf das Nachtessen, besonders auf die Tessiner Küche. So jedenfalls drückte er sein Wohlwollen aus.

Tatsächlich löste sich der Stau vor Chiasso schnell auf und schon am Zoll floss der Verkehr wieder. Schon bald kam die Ausfahrt Bellinzona Süd, dann noch ein paar Kilometer nach Locarno, und zehn Minuten später waren sie in Ascona.

Sie fuhren hinunter zur Promenade, die durch große Poller gesperrt ist für den Verkehr; aber neben den Pollern ist eine Sprechanlage, man gibt sein Hotelziel ein und schon senkt sich der Metallklotz.

Das wunderschöne Hotel Piazza Ascona mit direktem Blick auf den Lago Maggiore ist mehr als einladend: Der Hausdiener nahm sofort das Gepäck in Empfang und fuhr das Auto auf den hoteleigenen Parkplatz in der Nähe. Die Hotelchefin kam mit vier Gläsern Prosecco und begrüßte die beiden herzlich.

„Aha", meinte Matthias Zollinger, „da sind also drei Gläser für mich und eins für dich, mein guter Nikolas, die Dame hat das richtig erkannt."

„Und wir sind wohl niemand", Isabella war zwischenzeitlich mit ihrer Tochter Sabrina eingetroffen und hatte sich stillschweigend hinter die beiden Männer gestellt.

„Du lieber Himmel, wie peinlich", Matthias entschuldigte sich galant und mit einer gekonnten Verbeugung. Die ganze südländische Begrüßungsarie erfolgte daraufhin, einfach so, wie es sich gehört.

Isabella meinte zu Nikolas: „Das ist also der berühmte Dottore, von dem du mir schon erzählt hast. Ich bin einmal gespannt, ob er uns auch etwas über das von uns schon besprochene Thema erzählen wird. Dazu habe ich nämlich eine Idee. Aber die werde ich erst später verraten, mal sehen, ob sie euch gefällt."

Jetzt kam Sabrina auch zu Wort und erhob ihr Glas, das gerade zum zweiten Mal nachgefüllt wurde: „Salute, lieber Nikolas, du kennst doch meine Mutter und ihre Ideen. Aber diese ist wirklich gut. Warte es einfach mal ab."

Der Tisch neben ihnen war bereits eingedeckt und die Tessiner Köstlichkeiten wurden aufgefahren, natürlich jeweils mit den passenden Weinen. Das war nicht nur für den Dottore die Krönung, auch Nikolas fühlte sich pudelwohl; vielleicht auch durch die beiden hübschen Frauen, die an- und ablegenden Schiffe auf dem Lago Maggiore, der nur ein paar Meter entfernt war. Die Stimmung war mehr als berauschend, auch der Prosecco trug sicher dazu bei.

Schnell waren die beiden Frauen zum vertrauten du gegenüber Matthias übergegangen.

„Wir hätten an den Dottore natürlich schon ein paar Fragen zum Thema Gott, Jesus oder die Evolution. Nikolas hat uns ganz schön neugierig gemacht." Isabella brachte regelrecht Spannung in das Zusammensein, „deshalb habe ich mir folgendes überlegt: Morgen ist Freitag, Sabrina hat

Urlaub, ich kann mir freinehmen und außerdem werde ich noch Giovanna anrufen. Sie ist Medizinerin, wie du auch, Dottore. Und gemeinsam fahren wir ins Centovalli, was sagt dir das, Dottore?"

„Valli sind auf jeden Fall Täler, das weiß ich genau. Und cento, heißt das Hundert? Oder Zehn? Das weiß ich momentan nicht. Mache uns bitte wissend, liebe Isabella oder liebe Sabrina."

Der Dottore wurde durch den Weingenuss immer freundlicher, netter und charmanter.

Sabrina antwortete: „Das Tal nennt sich Centovalli, weil man mit dem Bähnli mehr als 100 Täler überquert, teilweise über Viadukte und Brücken von ein paar Hundert Meter Höhe. Ob es genau 100 sind weiß ich nicht, aber morgen kannst du sie zählen. Die Endstation ist Domodossola..."

Isabella fuhr fort: „Diese Bahnfahrt ist unvergesslich, Nikolas kennt sie ja. Wir fahren bis Santa Maria Maggiore, ein kleines Bergdorf mit ein paar Häusern und Gehöften, eine Kirche, ein kleiner Friedhof und auf dem Kirchplatz ein von der Eigentümerfamilie geführtes Restaurant. Da wird gegessen, was die Familie an dem Tag kocht. Bestellt wird dort überhaupt nichts, außer dem Wein. Dort können wir gemütlich und lange sitzen und genau dort kann uns der Dottore mit seinem Wissen überraschen. Und? Sind die Herren einverstanden? Um 10.15 Uhr fährt der Zug, wo der Bahnhof ist, weißt du ja, Nikolas. Dort vorne hinter den Pollern fährt der Bus ab in Richtung Bahnhof, es sind nur ein paar Minuten. Allerdings: Eine Luxusbahn können wir nicht bieten. Die Sitzbänke sind aus Holz und die Fahrt ist schon ein bisschen wackelig. Aber die Schönheit der Berge und Täler lässt alles vergessen. Jetzt sag' schon was, Dottore."

„*Salute*", sagte er und erhob sein Glas, „diese Idee ist so grandios, dass mir die Worte fehlen." Und Nikolas ergänzte: „Es kommt sehr selten vor, dass dem Dottore die Worte fehlen. Also ist er über deinen Vorschlag begeistert. Ich übrigens auch, weil es mir vor zwei Jahren dort oben besonders gut gefallen hat."

Es war schon spät geworden, beinahe Mitternacht. Isabella meinte, dass man nunmehr die Tafel aufheben könne, der nächste Tag würde sehr anstrengend sein.

Dabei lachte sie aber und sagte: „Ich werde heute bei Sabrina übernachten, in nicht einmal fünf Minuten sind wir in ihrer Wohnung."

Die beiden Frauen machten sich auf den Weg, Matthias und Nikolas schlenderten die paar Meter hinunter an das Seeufer. Die Promenade hatte sich geleert, die Touristen waren verschwunden.

Der See glänzte und man konnte bis nach Brissago schauen, auch die Insel Brissago konnte man sehen. Nikolas erklärte seinem Freund, dass man unbedingt mit einem der Linienschiffe hinüberfahren müsse, die Pflanzenwelt dort wäre sehenswert. Ein paar Fischerboote schaukelten noch auf dem See, am Mast hatten sie eine relativ helle Laterne.

„Weißt du, weshalb sie die helle Laterne am Boot haben", Nikolas fragte Matthias. Der antwortete: „Ja klar, damit sie etwas sehen."

„Nein, eben nicht. Damit ziehen sie die Fische an und fangen sie mit dem Netz. Aber es ist nicht erlaubt", Nikolas lachte und fuhr fort, „aber was hier nicht erlaubt ist, das ist noch lange nicht verboten."

Gerade machte einer der Fischer sein Boot in dem kleinen Hafen neben der Schiffsanlegestelle fest. Matthias und Nikolas spazierten zu ihm, um seinen Fang zu begutachten. Der Fischer nahm einen sehr großen Kübe, voll mit Fischen aus dem Boot und stellte ihn auf den Bootssteg. Dann bekreuzigte er sich und sagte: ‚*Grazie, Lago*'. Erst dann nahm er sich Zeit für ein Schwätzchen mit den beiden.

„Da siehst du einmal wieder, dass es Menschen gibt, die voller Dankbarkeit der Schöpfung gegenüber stehen, ich finde das ein sehr schöne aber auch demütige Geste", wollte Nikolas noch gesagt haben.

Matthias antwortete: „Du hast sehr recht, ich empfehle dir, daran ein Beispiel zu nehmen. Mehr Dankbarkeit und Demut würde ganz gut zu dir passen."

Mit einem relativ knappen ‚gute Nacht' war dieser Abend beendet.

Kapitel 11

„Wir können nicht leben ohne Gott als erreichte und zugleich programmierte Summe der tiefsten menschlichen Erfahrungen und Sehnsüchte.
Wir können nicht leben ohne Gott, der vor einer egoistisch-individualistischen Reduktion des Menschen bewahrt."

Milan Machovec, tschechischer Marxist und Professor

Am nächsten Morgen, kurz vor zehn Uhr: Es herrschte lebhafter Betrieb auf dem Bahnhof. Aber nicht so, wie auf allen Bahnhöfen. Die Hektik fehlte. Die Menschen standen beisammen und plauderten, die Bahnbediensteten ebenfalls. Der Zug mit der Frontaufschrift ‚Domodossola' stand bereits parat, er hatte sogar einen Namen, nämlich ‚Centovalli'.

Neben dem Fahrkartenautomat saßen auf einer Bank drei Frauen. Eine lebhafte, laute Begrüßungszeremonie fand statt, die Menschen drumherum blieben stehen und schmunzelten. Giovanna, die Freundin von Isabella, war auch mitgekommen, aus reiner Neugierde, wie sie selbst sagte.

„Mein lieber Dottore", machte es Isabella spannend, „das ist Giovanna, sie ist Ärztin, spezialisiert auf Anästhesie. Also müssen wir alle aufpassen, dass sie uns nicht einschläfert." Was erneut zu langanhaltender Heiterkeitsbekundung führte.

„Ich werde rasch fünf Fahrkarten holen, da neben am Automaten. Sonst sitzen wir hier und der Zug fährt ab", Nikolas machte sich an dem Automaten zu schaffen, aber es funktionierte einfach nicht. Die anderen ‚Reiseteilnehmer' saßen auf der Bank und lachten. Ein unscheinbarer Mann kam auf Nikolas zu und meinte, man könne direkt vorne am Eingang an einem Schalter Fahrkarten direkt kaufen.

„Bis ich dann wieder hier bin, die Zeit ist knapp, dann fährt der Zug weg und wir sitzen hier", antwortete Nikolas besorgt.

„Der Zug fährt nicht weg, jedenfalls nicht ohne mich. Ich bin nämlich der Zugführer", der Mann lachte jetzt auch.

„Sie haben keine Uniform an?", fragte Nikolas.

„Ist das denn wichtig? Wenn ich einsteige, ziehe ich meine Uniformjacke an. Sonst fährt der Zug nicht ordentlich", wieder lachte er und fuhr fort: „Sie brauchen keine Fahrkarten dort vorne am Schalter zu kaufen, ich sage dem Schaffner Bescheid, der nimmt euch die paar Franken auch im Zug ab. Euch wünsche ich eine gute Fahrt, es wird schon ordentlich ruckeln, aber keine Angst, ich passe extra auf." Lachend ging er an seine Lokomotive und setzte seine laute Signalpfeife drei Mal ein. Was bedeutete, dass man einzusteigen hatte.

Die fünf saßen beisammen in einem Abteil, jedoch war der Zug um diese Zeit nicht sehr frequentiert. Der Schaffner kam kurze Zeit später und meinte lakonisch: „Aha, wenn ich das recht sehe seid ihr die Freunde von Antonio, ich darf euch keinen Zuschlag verrechnen. Obwohl es üblich ist, wenn die Fahrgäste ohne Fahrkarten den Zug besteigen", Nikolas bezahlte die Fahrkarten und gab dem Schaffner noch ein Trinkgeld. „Das ist für ein Schlückchen Wein, der tut immer gut", Nikolas lachte und der Schaffner meinte, dass er bei der nächsten Station gleich zwei nehmen würde. In diesen Höhen wäre die Luft nämlich sehr trocken. Diese Bemerkung rief eine neue Lachsalve hervor im Waggon, die Fahrgäste freuten sich natürlich über jede Abwechslung.

„Und schon wieder haben wir einen neuen Freund, den Lokführer. Wenn das so weitergeht, haben wir nur noch Freunde", der Dottore lächelte vor sich hin.

Isabella erklärte die verschiedenen Viadukte und Täler, die Ausblicke waren grandios. Aufgrund der vielen Kurven, Steigungen und Brücken fuhr der Zug sehr langsam. Aber in dieser Gegend hatte man anscheinend auch Zeit, und salbungsvoll meinte der Dottore: „Gott hat uns die Zeit gegeben. Von Eile hat er nichts gesagt."

Die fast alle zweisprachigen Tessiner hatten den Spruch verstanden. Sie quittierten ihn mit Bravo-Bravo-Rufen und Klatschen.

Die nächste Station war Camedo. Eine Bäuerin mit zwei Ziegen stieg ein, blieb allerdings im Eingangsbereich stehen.

„Ach du lieber Himmel, das ist ein Tag heute", staunte der Dottore, „und wenn die Ziegen mal müssen, was dann?"

Isabella antwortete: „Selbst wenn die müssen, dann warten sie, bis ausgestiegen wird. So ist das hier bei uns. Meistens fahren sie nur einige wenige Minuten mit, es muss auch nichts bezahlt werden für die Fahrt. Und ihr Geschäft machen sie dann draußen. Andererseits müsste die Frau vielleicht stundenlang über den Berg laufen, um in den nächsten Ort zu kommen. Ich sage ja, hier gehen die Uhren anders. Unlängst bin ich nach Domodossola gefahren, da ist sogar ein relativ großes Kalb mitgefahren und hat dauernd gemuuht. Ihr glaubt es vielleicht nicht, aber der Schaffner hat mit ihm gesprochen und es beruhigt."

Nikolas entschlüpfte die Bemerkung: „Der Kuhflüsterer!" Wieder war großes Gelächter im Waggon.

Der Schaffner kam vorbei und teilte mit, dass man in wenigen Minuten in Santa Maria Maggiore ankomme, man solle sich schon bereithalten. Obwohl der Zug dort immer sieben Minuten Aufenthalt habe. Das würde für einen Ballon allemal reichen.

Matthias fragte Nikolas leise: „Ein Ballon, was ist das denn?"

„Das ist ein nicht allzu großes Glas Wein. Das hat er sich doch verdient. Wenn man durch eine solch naturgeprägte und schon beinahe urwüchsige Landschaft fahren muss, dann hilft ein Glas Wein durchaus, findest du nicht?" Matthias ergänzte nur knapp: „Na ja, es könnten auch zwei oder drei sein, bei solchen schwierigen Fahrten."

Jetzt brüllte der Schaffner in den Waggon ‚Santa Maria Maggiore'. Zuerst sprangen die Ziegen meckernd hinaus und dann noch ein paar Fahrgäste.

„So, meine Lieben", setzte Nikolas zu einer kleinen Ansprache an, „jetzt sind wir nicht mehr in der Schweiz, wir sind jetzt wieder in Europa, nämlich in Italien…",

Isabella schaltete sich ein: „Glaubst du vielleicht, die Schweiz würde nicht in Europa liegen? Das tut sie aber zweifelsohne. Nur bei eurem merkwürdigen Brüsseler Verein ist sie nicht Mitglied. Und sie wird es auch nie werden. Das muss man ja einmal sagen. Ihr Deutschen seid ja auch nicht gerade begeistert von diesem Moloch, der einen Haufen Geld frisst."

„Ich finde das auch gut so, sehr vernünftig, was Isabella gesagt hat", meinte der Dottore, „aber man hat das ja nicht einmal bemerkt, dass wir in einem anderen Land sind. Zoll und den ganzen Kram. Dass das so geht, ich finde das wirklich super."

„Aber, vergesst das bitte nicht, es steht drei zu zwei", Giovanna meldete sich, „ich bin nämlich Italienerin. Nur zwei Schweizerinnen haben wir hier und drei wahre Europäer. Wir sind die Übermacht."

Sabrina meinte dazu: „Ich bin ja wohl die Jüngste hier, und wenn es nach mir ginge, gäbe es überhaupt keine Grenzen, analog hier oben in den Bergen. Es interessiert wirklich niemand, ob im nächsten Dorf Italien ist oder die Schweiz. Man kennt sich, man liebt sich, man hilft sich. Oder auch nicht. Es ist einfach so, wie überall."

Während des Geplänkels spazierten die fünf in das kleine Dorf, es gab sogar einen kleinen Park, schön mit Bergblumen und Steinen angelegt, Bänke waren vorhanden und luden zum Sitzen ein. Die Umgebung bestand aus kleinen Bergwiesen und Bergmassiven, überall sah man kleine Alp-Häuser auf den Matten und Kühe lagen friedlich und faul auf den Wiesen. Oder sie fraßen und kauten. Das ganze sah aus wie ein Gemälde, einfach schön, da zu sitzen.

Der Dottore genoss das alles sehr, sah er solche Bilder, wie er das alles nannte, zum ersten Mal.

„Ich freue mich, wenn wir nachher in das von Isabella angekündigte Lokal gehen. Ich habe nämlich Hunger. Und Durst. Das macht sicher die Bergluft."

„Ich freue mich auch, aber nicht nur auf das Essen", Isabella lächelte, „ich freue mich auch, endlich einmal ein paar Worte zu dem schon so oft von uns diskutierten Thema Evolution und Sein vom Dottore zu hören. Aber mir fällt gerade etwas ein, das wollte ich nämlich auch fragen: Ein Bekannter von uns, leider lebt er nicht mehr, hat oft mit mir diskutiert über den Zusammenhang von Alter und Tod. Stückweise zerfällt der Organismus des Menschen, die Leistungsfähigkeit und die Geisteskraft lassen nach, Haare und Zähne fallen aus, die Anfälligkeit für Krankheiten steigt. Es ist einfach ein schlimmes Leben. Dass man sterben muss, das ist verständlich, das kann man schließlich begreifen. Aber die furchtbaren Vorstufen dazu, die sind mitunter schrecklich. Weshalb ist die Evolution so bösartig? Und der Mann, von dem ich spreche, war gewiss kein böser Mensch, er war gutmütig und hilfsbereit allen gegenüber. Und die Hyperenergie Gott, weshalb lässt die so etwas zu? Mich, oder besser gesagt uns, treibt das schon ein wenig um. Einfach deshalb, weil man es nicht begreifen kann."

Jetzt blieben die fünf im Kreis stehen, alle waren natürlich gespannt auf die Antwort des Dottore. Der überlegte eine ganze Weile und schließlich schien er die passende Antwort gefunden zu haben.

„Liebe Isabella, die Frage ist nicht ganz einfach zu beantworten, aber ich glaube, dass du alles, was ich dir sage, richtig einordnen kannst. Somit hast du dann auch die Lösung." Natürlich zog er, wie so oft, wenn es ein wenig brenzlig wurde, das schon fast legendäre Etui aus der Tasche und blätterte in den vielen Zetteln, „so, liebe Isabella, ich denke, wir finden den richtigen Punkt. Der Allgott, die Hyperenergie, von dem wir alle abstammen, wohnt in jedem Wesen. Wenn dieser Gott in dir nicht eingreift, dann hat er seine Gründe dafür. Grundsätzlich wird nach Gott gejammert, wenn das Leben nicht gut läuft. All das, was du tust, kommt in irgendeiner Form zurück. Vielleicht war die Frau, die ihr Kind verliert, das sie sehr liebte, eine unbarmherzige Abtreiberin? Zu Ereignissen, die einen treffen, hat man irgendwann die Ursachen gesetzt, oder anders ausgedrückt, man wird immer nur sich selbst begegnen: Ursache – Wirkung.

Aber ich bin noch nicht fertig. Karmische Folgen können sehr schmerzhaft sein, ein evolutionärer Drive im Sein eines Menschen. Was an Negativem auf die Menschen zukommt, ist durchaus reparierbar, wenn die Seele des Menschen es zulässt. Der innerste Kern der Seele ist nämlich Gott selbst, und zwar als Persönlichkeitsteil. Er hat die Erwartung, dass das Individuum selbst seine Probleme löst. Man kann beispielsweise einen anderen Arzt aufsuchen oder sich selbst um Lösungen bemühen. Hilft das alles nichts, dann muss man eben lernen, am Marterpfahl des Lebens durchzuhalten. Nicht der Allgott will das, sondern der Gott, der in uns wohnt lässt die Gesamtheit der Schmerzen zu.

Im muslimischen Bereich, speziell im Suffismus, den mystischen Orden, sind Schicksalsschläge Zufälligkeiten, die Allah eben zulässt. Im Suffismus wird die Reinkarnationsidee gepflegt, aber in herkömmlichen Moscheen ist sie nicht anzutreffen. Andererseits: Wer könnte einen von karmischen Strukturen Getroffenen im akuten Leidensfall darüber aufklären, dass er sein Elend möglicherweise selbst produziert hat?

Liebe Isabella, ich sehe dir im Gesicht an, dass du genau die Quintessenz dessen, was ich gerade erzählt habe, verstanden hast. Stimmt doch?"

Isabella schaute den Dottore zunächst schweigend an, dann sagte sie leise: „Ja, Dottore. Grazie, danke für deine Mühe."

Langsam und auch ein wenig nachdenklich schlenderte die kleine Gruppe durch das Dörfchen in Richtung Kirchplatz. Alles wirkte wie ausgestorben, man sah keinen Menschen auf den kleinen Straßen.

„Das kommt daher, dass die Leute hier anders leben als unten im Tal. Das Mittagessen und die Mittagsruhe ist für die beinahe etwas Heiliges. Es ist eben so. Ich finde es gut. Hier wird schwer gearbeitet, auf den Feldern, in den Weinbergen, die Tiere machen viel Arbeit, Käse wird produziert aus der Kuh- und Ziegenmilch, und auch die Holzfällerei ist kein leichtes Spiel. Wenn man es genau betrachtet, dann haben die Leute recht.

Was wir da unten machen in der Stadt, über Mittag schnell etwas im Stehen essen und dann wird weitergehetzt." Isabella hatte sich regelrecht in Rage geredet und ihre Tochter Sabrina meinte: „Ach Mama, übertreibe mal nicht. So arg ist es da unten schließlich auch nicht. Außerdem, wollten wir vielleicht hier oben wohnen? Auch dann nicht, wenn wir näher am Himmel sind."

Was den Dottore veranlasste, zu bemerken: „Meine lieben Damen, ihr seid hier genauso weit weg oder auch so nah am Himmel wie unten in Ascona oder Locarno."

Das kleine Restaurant mit den bunten Schirmen und den auf dem Platz stehenden Tischen kam in Sicht. Isabella empfahl, unbedingt auch einen Blick in die Dorfkirche zu werfen. Der Innenraum war wohl sehr schlicht aufgebaut, weitgehend aus Arvenholz, dafür aber reichhaltig mit goldverzierten Figuren und mit frischen Blumen dekoriert. Die Glasfenster im vorderen Bereich waren ausschließlich mit Marien- und Bergmotiven bemalt. Dem Vernehmen nach sollte der Urheber dieser Fenster ein sehr bekannter Maler gewesen sein, nämlich Marc Chagall. Erzählte jedenfalls Isabella, die es wiederum vom Gemeindepfarrer erfahren hatte. Vier oder fünf Leute waren zum Gebet im Raum, die fünf ‚Reisenden' standen noch eine

Weile schweigend und in Gedanken versunken im Mittelgang.

Dann gingen sie still hinaus über den Kirchplatz zum Restaurant. Eine uralte, man kann sagen von Wind und Wetter gezeichnete Frau kam ihnen entgegen; tief gebräunt, voller Runzeln im Gesicht und mit hellen Augen, die wahre Güte ausstrahlten. Sie begrüßte zunächst Isabella und dabei hatte man das Gefühl, als ob eine Großmutter ihre Enkelin nach längerer Zeit wieder in die Arme schließen würde. Die beiden kannten sich schon lange, und sprachen miteinander italienisch in einer rasenden Geschwindigkeit, für Außenstehende weder zu verstehen noch zu begreifen. Diesen Dialekt sprach man offenbar nur hier in den Bergen.

„Also, meine Lieben, die Nonna Maria hat gesagt, dass wir alle sehr herzlich willkommen sind. Wir sollen erst einmal Platz nehmen", Isabella lachte und meinte dann noch, dass diese Sprache nur wenige verstehen würden. Sie selbst hatte damit keine Probleme, weil ein Teil ihrer Verwandtschaft in einem der vielen Täler wohnt.

Sie nahmen an einem der mit karierten Tischdecken und großen Blumensträußen dekorierten Tische Platz und sogleich kam ein junger Mann mit zwei großen Tonkrügen. Er erklärte, der eine sei mit frischem Quellwasser gefüllt, der andere mit dem eigenen Wein, dessen Reben oberhalb des Dorfes an steilen Hängen wachsen würden. In der Tischmitte standen Gläser aus dickem Glas, die der Dottore sofort elegant verteilte und natürlich auch vollschenkte.

„Ihr alle werdet sicher Wasser trinken, reines Quellwasser ist sehr erfrischend. Ich selbst werde für euch zunächst den Wein probieren." Er goss sich sein Glas voll ein und prostete allen freundlich lächelnd zu.

„Ein herzlich-ehrlicher Wein, man findet so etwas ganz selten, da steckt viel Liebe und Arbeit, aber auch Können drin. Ihr dürft jetzt durchaus auch ein Gläschen trinken."

„Danke, lieber Matthias, du bist sehr gütig zu uns!" Nikolas erhob, wie auch die anderen das Glas und sie prosteten sich mit einem kräftigen ‚*Salute*' zu.

Es wurde nicht gefragt, was wer essen will, der junge Mann, es war, wie sich später herausstellte, der Enkel von Nonna Maria, brachte eine beachtlich große Platte mit verschiedenen Schinkensorten, Salami, und allerlei geräucherte Wurstsorten und Speck. Dazu wurde ein riesiger Brotkorb mit dunklem und hellem Brot gereicht, dazu die selbstgeschlagene Butter. Danach folgte eine Suppe, ein gebratener Omble Chevalier, ein herrlicher Fisch, Spaghetti mit einer Knoblauchsauce, geschmorte Rindsscheiben mit kleinen, gebratenen Kartoffeln und diversen Gemüsen, natürlich auch ein paar Sorten Salate und nicht zu vergessen das Dessert: Eine riesige Schüssel mit Zabaglione, dazu eine große Glasschale mit Cantuccini, dem Mandelgebäck, das alles Ähnliche vergessen lässt; alles im Hause selbst hergestellt.

Nikolas setzte zu einer Rede an: „Wir sind sicher alle gut gesättigt und unser Durst ist gestillt. Wir fühlen uns wohl und sind unseren drei Damen sehr dankbar, dass sie uns hierher nach Santa Maria Maggiore geführt haben. Giovanna, Sabrina und Isabella kennen dieses Dorf, wie sie mir vorhin erzählt haben, schon länger und waren auch schon oft hier. Ich selbst war erst ein Mal hier mit zwei Freunden, Willy Ehmann und Roland Schreier. Ich gebe zu, dass es auch auf uns einen ganz besonderen Eindruck gemacht hat. Es ist faszinierend, obwohl es nichts Außergewöhnliches zu sehen gibt. Vielleicht existiert hier eine spezielle, energetische Atmosphäre? Kann das sein, Matthias?"

Der antwortete sehr gedankenverloren: „Alles kann sein. Ich werde jetzt gleich beginnen, euch eine Geschichte zu erzählen, eine Geschichte, von der ihr noch lange sprechen werdet. Es ist kein Märchen, es ist schlicht und einfach die Wahrheit, die aber aus verschiedenen Gründen nicht publik gemacht werden soll. Leider ist es so mit vielen Dingen, aber die Mächtigen, die es nicht wollen, haben eben die Macht und sind stärker als diejenigen, die publizieren könnten. Aber die wollen nicht. Vielleicht auch aus Angst, dass sie in irgendwelchen Redaktionen ihren Arbeitsplatz verlieren. Also, schenkt euch nochmals ein."

Der Dottore zückte sein legendäres Etui mit den vielen Notizzetteln, sortierte ein paar links, andere daneben, wieder andere zur Hälfte nach oben.

Isabella sagte beinahe ehrfürchtig: „Ich glaube, dass es jetzt spannend wird. Man kann es fast nicht mehr aushalten."

Sabrina und Giovanna nickten heftig. Und Nikolas meinte lächelnd, dass wahrscheinlich eine gefährliche Spannung aufkommen würde und er fügte noch todernst hinzu: „Wusstet ihr, dass Jesus nicht gekreuzigt worden ist?"

Kapitel 12

„Die Naturwissenschaften braucht der Mensch zum Erkennen, den Glauben zum Handeln. Religion und Naturwissenschaft schließen sich nicht aus, wie heutzutage manche glauben und fürchten, sondern sie ergänzen und bedingen einander. Für den gläubigen Menschen steht Gott am Anfang, für den Wissenschaftler am Ende aller Überlegungen."

Max Planck (1882-1947), deutscher Physiker, Begründer der Quantentheorie

Matthias Zollinger, der Dottore, machte es sich in seinem Stuhl bequem, legte sein ominöses Etui vor sich, schenkte sich nochmals das dicke Glas voll mit dem Wein aus Santa Maria Maggiore und sagte, dass man keinesfalls erschrecken dürfe über den Inhalt der folgenden Informationen, sie wären zum einen wahr und zum anderen für viele Menschen kaum fassbar und weitere wüssten über dieses Thema überhaupt nichts. Auch studierte Theologen wären kaum in der Lage, darüber zu diskutieren, auch sicherlich bekannten Gründen.

„Beginnen wir also mit den Wanderjahren von Jesus. Der indische Archäologe Hassnain stellt fest, dass Jesus mit 13 Jahren zum ersten Mal in Indien und in Kaschmir war, in der Bibel ist das Leben Jesu vom 13. bis zum 30. Lebensjahr nicht dokumentiert. Jesus war neugierig auf andere Religionen in der Welt und ist mit Handelskarawanen gegen Norden gezogen. Seine religiöse Hochbegabung, sein Wissen und das dialektische Geschick, mit dem er seine Positionen vertrat, machte ihn in der ganzen damaligen Welt bekannt; zahlreiche Wunderheilungen säumten die Spur von Jesus. In einigen Klöstern Tibets sind die Reden von Jesus gesammelt. Sein Grab befindet sich in Srinagar.

Das christliche Schrifttum wurde 400 n. Chr. kanonisiert; nicht kanonisierte Schriften galten als apogryphisch.

Die vier Evangelien sind zwischen 80 und 120 n. Chr. entstanden; ein zeitlicher Bezug zu Jesus war demnach nicht unbedingt vorhanden.

In seinem 33. Lebensjahr nahmen die Feindseligkeiten gegen Christus zu; er wurde der Zauberei und Gottlosigkeit beschuldigt. Im Talmud wurde erwähnt, dass der falsche Messias seine gerechte Strafe erhalten hat. Die orthodoxen Juden waren von der Kreuzigung überzeugt.

Was Jesus zwischen dem 13. und dem 30. Lebensjahr getan hat, wurde von einem reichen Russen recherchiert; es war Nikolaus Notowitsch.

Auf seiner Forschungsreise stieg Notowitsch in das Kaschmirtal hinab nach Srinagar. Der Lama des dortigen Klosters sprach über Jesus, den man dort Issa nannte, als einen großen Propheten; Issas Lehren und Taten seien von den Mönchen aufgezeichnet worden. Notowitsch wollte wissen, wo sich die meisten Aufzeichnungen befänden; der Lama nannte Lhasa als diesen Ort, viele große Klöster hätten aber Abschriften dieser Aufzeichnungen. Notowitsch kam schließlich nach Himis Goupa. Dort waren 84 000 Schriftrollen Issa betreffend aufbewahrt. Christus oder auch Issa bezeichnete der Lama als die Seele des Weltalls.

In Indien predigte Issa gegen das Kastensystem und die Brahmanen. Wahrlich, sagte Issa, Gott mache keinen Unterschied zwischen seinen Kindern; diese Predigten führten zu seiner Vertreibung aus Indien. Er floh zu den Buddhisten.

Nun zeige ich euch eine Gegenüberstellung der Worte Issas und Buddhas.

Jesus: Liebet euere Feinde; tut Gutes denen, die euch hassen; segnet, die euch fluchen; liebe deinen Nächsten wie dich selbst.

Buddha: Erwidere nicht Zorn mit Zorn, Beschuldigung mit Beschuldigung; liebe deinen Nächsten wie dich selbst.

Priester, die Issa in Versuchung führen wollten, verlangten von ihm, Wunder zu sehen. Issa antwortete: Die Wunder unseres Gottes haben sich angefangen zu vollziehen seit dem ersten Tag, als die Welt erschaffen wurde. Tempel sind weniger wichtig als das eigene Herz, in dem Gott sich offenbaren kann.

Issa sagt auch: Bringt keine Tier- oder Menschenopfer *(Anmerkung der Autoren: Die Kreuzigung ist auch ein Menschenopfer)*, dies sei nicht gottgefällig. Betrügt niemanden, ergebt euch nicht in Schwelgerei.

In Persien waren die Anhänger Zarathustras, man kannte ihn auch als Zoroaster, man nannte diese Anhänger Parsen, die vor allem Sonne und Feuer verehrten: Issa versuchte, die Parsen zur reinen Gottesverehrung zu bringen, allerdings mit nur mäßigem Erfolg.

In der Bibel werden Issa harsche Worte Frauen betreffend in den Mund gelegt. Zu seiner Mutter soll er gesagt haben: ‚Weib, was habe ich mit dir zu schaffen?'

In den buddhistischen Klosterschriften lernen wir aber einen ganz anderen Jesus kennen: ‚Liebet euere Weiber und ehret sie, denn morgen werden sie Mütter sein und später Großmütter eines ganzen Volkes. Seid nachgiebig gegen das Weib; seine Liebe veredelt einen Mann, macht milder sein verhärtetes Herz, zähmt das wilde Tier und macht ein Lamm daraus. Die Frauen sind die schönste Zierde des Weltalls, und aus ihnen wird geboren, was die Welt bewohnt'.

In seinem 30. Lebensjahr kehrt Jesus zurück nach Palästina und war sehr häufig mit den Essenern zusammen. Drei Jahre predigte Jesus in Palästina, dann begann der bekannte Leidensweg des Christus.

Bestritten wird der Kreuzestod Jesu:

1. In den Qumranrollen; der Öffentlichkeit ist der Zugang zu diesen Rollen verwehrt. Die Bücher, die man über diese Rollen kaufen kann, sind kirchengefällig gekürzt.
2. Die Barnabasbibel behauptet, dass Judas versehentlich gekreuzigt wurde und nicht Christus. Diese Bibel ist im Besitz der Türkei und dort wird sie auch bleiben, trotz Bitten des Vatikans um Herausgabe.
3. Die Niederschriften der buddhistischen Mönche erzählen nur von Verfolgung; die Flucht Christi endete in Kaschmir.

Das orthodoxe Christentum hält den Mord an Christus für die eigene Erlösung unabdingbar. Wer Gott über die Naturwissenschaften kennenlernt, kann dies nur für baren Unsinn halten; wer erlöst werden möchte, sollte doch einmal versuchen, einfach nur die Empfehlungen von Jesus zu befolgen. Beispiel: ‚Liebe deine Feinde' - und schon wird es knapp.

Jesus floh vor den Verfolgungen seiner Häscher nach Kaschmir. Der dort regierende König Shalewahin empfahl Christus, zu heiraten, was er dann auch tat. Er zeugte mit seiner Frau Maryan zehn Kinder, starb in hohem Alter und wurde in Srinagar beerdigt."

Der Dottore genehmigte sich jetzt einen großen Schluck aus dem, wie er sagte, herzhaften Glas und schaute dabei in die Runde. Alle schwiegen und dachten anscheinend über das Gehörte nach.

Nach einer geraumen Weile meinte Isabella: „Wenn das alles seine Richtigkeit hat, dann fällt so ziemlich alles, was mit Religion zu tun hat, in sich zusammen. Eigenartig, dass man davon noch nie etwas gehört hat."

Der Dottore antwortete: „Es ist verständlich, dass die Mutter Kirche überhaupt kein Interesse hat, derlei Informationen an die Öffentlichkeit zu geben. Weshalb? Das brauche ich sicher nicht zu erklären, oder?“

Sabrina meinte dazu: „Ich denke doch, dass die Kirche das alles weiß. Obwohl natürlich auch die Unwissenheit vieler Kirchenleute dramatisch ist. Und wenn die Kirche nicht in der Lage ist, die Menschheit zu informieren, was ich teilweise natürlich verstehe, dann muss sie sich gefallen lassen, als Lügnerin bezeichnet zu werden.“

Die Diskussion dauerte noch eine ganze Zeit, bis Isabella daran erinnerte dass der Zug nach Ascona in 20 Minuten fahren würde.

Die Fahrt ins Tal hinunter war bemerkenswert: Langsam versank die Sonne hinter den Berggipfeln und schlagartig waren die Täler relativ dunkel. In Ascona angekommen, meinte der Dottore, dass man den Tag mit einem guten Essen an der Seepromenade abschließen sollte. Alle waren einverstanden und Nikolas warf ein, dass man aber nicht den ganzen Abend über die Kreuzigung diskutieren müsse. Es gäbe sicher noch andere Themen.

„Welche Themen meinst du denn?“ Sabrina fragte auffallend scheinheilig und Nikolas antwortete ebenso scheinheilig: „Drei Mal darfst du raten…“

Kapitel 13

„Hier ist mein Geheimnis. Es ist ganz einfach:
Man sieht nur mit dem Herzen gut.
Das Wesentliche ist für die Augen unsichtbar."

Antoine de Saint-Exupéry (1900-1944),
französischer Schriftsteller und Flieger

Jetzt waren die beiden Evolutions-Reisenden, wie sie sich selbst nannten, wieder auf dem Nachhauseweg von Ascona nach Heidelberg. Es herrschte kaum Verkehr, sie hatten Basel bereits passiert und Nikolas Becker konnte, was er besonders gerne machte, das Gaspedal bis zum Anschlag durchgetreten.

Matthias Zollinger saß angespannt daneben, an Schlaf war für ihn nicht zu denken. „Sag' mal, wie schnell fahren wir eigentlich?"

„Einige Kilometer über 100", lachte Nikolas. Die acht Mercedes-Zylinder gaben ein freudiges Brummen von sich.

„Mann, ich sehe doch, dass wir weit über 200 Kilometer pro Stunde fahren. Das ist ja lebensgefährlich. Du spinnst. So schnell bin ich noch nie gefahren. Fahr' doch langsamer", kritisierte Matthias.

Nikolas nahm den Fuß vom Gas und meinte: „Du hast ja recht. Ich wollte ohnehin einiges mit dir besprechen. Es waren doch schöne und interessante Tage, die wir erlebt haben, findest du nicht auch?"

„Wenn ich alles, was wir erlebt haben, Revue passieren lasse, dann hast du natürlich recht. Ich denke an das Matterhorn, an Carrara, an Marinella di Sarzana, besonders an den Severino Ricci, den alle Ritschi nannten. Eine unvergleichliche und sehr seltene Persönlichkeit. Und besonders denke ich natürlich an Ascona und an unsere Bahnfahrt nach Santa Maria Maggiore. Das war sehr beeindruckend. Die drei Frauen sind ohne Zweifel ebenfalls ein Teil der landschaftlichen Schönheit des Tessin."

Jetzt bekam Nikolas einen Hustenanfall und lachte: „Das habe ich mir gedacht, die drei Frauen. Aber auch diese sind Zeichen der Evolution, oder?"

Matthias antwortete: „Natürlich sind sie ein Stück Evolution, auch ein Stück der göttlichen Hochenergie. Wie du und ich auch. Und was die Evolution anbelangt: Während wir unterwegs waren, ist sie schon wieder fortgeschritten, vielleicht in einem großen Tempo, vielleicht aber auch langsam. Wir wissen es nicht. Sicher ist, dass sie uns längst schon wieder überholt hat. Dauernd gibt es neue Erkenntnisse der Wissenschaft. Ein neuer, eventuell sogar bewohnbarer Planet wurde unlängst entdeckt, nicht mal besonders weit weg von unserer Erde. Weshalb hat man ihn nicht schon früher entdeckt? Ich weiß es nicht.

Die Forschung nach sogenannten Parallelwelten oder Paralleluniversen gibt es schon lange und ist immer wieder Thema unter den Wissenschaftlern. Unter vielen Physikern herrscht Einigkeit darüber, dass es noch viel mehr geben muss, als das, was wir sehen.

Max Tegmark, Physiker und Kosmologe sagt: ‚Die Frage ist nicht, ob es Paralleluniversen gibt, sondern wie viele verschiedene.' Er stellt sich auch vor, dass sich nach dem Urknall unzählige Paralleluniversen gebildet haben. Die könnten wie Seifenblasen nebeneinander durch den Raum schweben. Also Welten, die wir noch nicht entdecken können, weil möglicherweise in jeder dieser Welten andere physikalische Gesetze herrschen.

Ich sage dir noch etwas: 2015 haben Astronomen den Ursprung eines Radioblitzes bestimmt. Jetzt wirst du sagen, na und? Ich habe in ‚Nature', dem bekannten Magazin gelesen, dass die Forscher die

Blitz live erspäht hatten. Er dauerte nur Sekundenbruchteile und hat sechs Tage nachgeglüht. Auf seinem Weg durch das All wurde der Blitz verzerrt. Durch den Grad der Verzerrung konnte man alle möglichen Messergebnisse erzielen: Entfernung, das Maß der durchquerten Materie und deren Dichte.

Also, du siehst, dauernd tut sich etwas, panta rhei, alles fließt."

„Mit anderen Worten: Nächstes Jahr können wir wieder eine Reise machen und vieles wird womöglich völlig anders sein. Wir wissen es heute nicht. Das ist auch gut so. Was wir aber genau wissen: Der Verkehr auf dieser Autobahn fließt hervorragend, in einer halben Stunde werden wir zu Hause sein", Nikolas gab wieder Gas.

Jetzt streckte ihm Matthias die Hand hin und Nikolas fragte, was denn los sei.

„Nimm sie einfach", sagte Matthias. Nikolas nahm die Hand und Mathias entgegnete: „Das alles haben wir gut gemacht. Wir zwei sind unschlagbar."

„Das ist mir nichts Neues", meinte Nikolas trocken.

ANHANG

Epilog

Kleines Lexikon der Pflanzenkunde

Wissenswertes

Epilog

Wir wissen zu wenig. Und wir werden nie alles wissen.

Geht man in den Bereich der letzten Fragen, dann wird es schwierig. Und sehr eng, auch für die Weltelite der Astro-Physiker. Besonders für die, die sich selbst zum fast Allwissenden erkoren haben.

Warum war Gott möglich? War es ein anderer Gott, der ihn ins Leben gerufen hat? Die letzte Frage ist nur eine Problemverschiebung, die gewiss keine leichtere Antwort auf die erste Frage nach sich zieht.

Wenn Sie das Buch gelesen haben, wissen Sie, dass das Urenergiefeld Gott Genialität besitzt und ein Hochenergiezustand größten Ausmaßes ist. Durch Schöpfungserfahrung wurde aus diesem Energiefeld Gott. Die Frage, woher dieses Energiefeld kommt, kann nicht beantwortet werden. Auch nicht die Frage, wann das geschehen ist. Es gibt dafür keine Zeit.

Aber es scheint eine Eigenschaft nicht des Universum, sondern des Multiversums zu sein. Was wäre, wenn das Energiefeld nicht existieren würde? Nichts wäre, überhaupt nichts und es gäbe auch niemand, der etwas vermissen würde.

Das Atom besitzt einen Kern (Protonen und Neutronen) und Elektronen, die um den Kern herum kreisen. Würde man die Erde dadurch verkleinern, indem man Atomkern und Elektronen zusammenzieht, also keine Zwischenräume mehr zulässt, hätte die Erde das Volumen einer Apfelsine, aber das gleiche Gewicht beziehungsweise dieselbe Masse. Das mag unwahrscheinlich klingen, aber es ist wissenschaftlich-rechnerisch erwiesen.

Die schwarzen Löcher in einer Galaxie ziehen mit einer enormen Anziehungskraft die Sterne zusammen, die aber dennoch auseinander Triften. Die dunkle Energie zwischen den Sternen treibt die Galaxie auseinander; eine Galaxie ist deshalb nur begrenzt lebensfähig und wird irgendwann von einem schwarzen Loch resorbiert. Ein neuer Urknall schafft eine neue Galaxie. Wir sprechen über Zeiträume von Milliarden von Jahren!

Man kommt nicht umhin, einen wollenden, schöpferischen Geist zu erkennen. Eigentlich gehört nicht viel dazu, in all' dem, was ist, die Gottheit zu erkennen.

Erkenntnistheoretisch gibt es dennoch Probleme: Warum ist Gott möglich? Woher kommt die Kinderstube Gottes? Gibt es gleichzeitig existierende Gottesenergien? Das Sein ist, aber muss das sein? Fragen über Fragen, aber keine Antworten.

Aber: Sind Antworten immer von Wichtigkeit? Das meiste, das es gibt auf der Welt, ist uns ohnehin nicht vergönnt zu sehen. Trotzdem ist die göttliche Ureigenschaft des nichtsterblichen Selbstseins, quasi als Erbschaft, in uns drin und niemand kann sich vor dieser Wahrheit drücken, auch Selbstmörder nicht.

Die eigentliche Göttlichkeit in uns selbst kann man am besten erkennen, indem man selbst Schöpfer wird. Man kann in Bildern eigene Realitäten schaffen. Die möglichen Töne, die man durch Luft erzeugen kann in Lieder und Symphonien verwandeln und damit sein Inneres selbst ausdrücken. Jeder Komponist moduliert die Luft so, dass seine Handschrift sofort erkennbar ist. Gäbe es ein paar Milliarden Mozarts, dann hätte doch jeder von ihnen einen komplett eigenen Stil.

Die Frage, ob im Multiversum Urenergiefelder existieren, die keine Schöpfungsgenialität besitzen, ist bis heute noch nicht beantwortet. Gibt es parallele Energiefelder zu Gott, die auch hypergenial sind? Wir wissen es nicht.

Das Hubble-Teleskop zeigt 50 Milliarden Galaxien. Eine davon sind wir. Das berühmte Teleskop kann aber nur einen Teil der Galaxien zeigen, gibt es unendlich viele davon? Also gibt es die Unendlichkeit? Was nun?

Im CERN in Genf, also im Europäischen Kernforschungszentrum, wird an dem weltweit größten Forschungsvorhaben gearbeitet. Wissenschaftler aus mehr als 70 Ländern wollen eines der größten Rätsel der Menschheit lösen: Was geschah nach dem Urknall vor 13,7 Milliarden Jahren? Weshalb können wir überhaupt existieren?

Es wird geforscht und untersucht, tausende von Wissenschaftlern weltweit forschen und streiten. Sie wollen immer weiter in den Weltraum vordringen. Andere wiederum glauben, dass es nicht nur unbekannte Teilchen gibt. Sie sagen, es müsse wohl auch parallele Welten geben. Das würde bedeuten, dass es Dimensionen von Raum und Zeit geben würde, die neben dem Raum und der Zeit, in der wir Menschen leben, existieren. Vor tausenden von Jahren hat man bereits über dieses Thema gestritten. Und der Streit wird sich fortsetzen. Einfach deshalb, weil man einfach nicht alles erforschen kann.

Es gibt sogenannte Standardmodelle darüber, wie man das Universum wiegen kann. Die Wissenschaft ist sich einig darüber, dass im Weltall 4,9 Prozent der Materie normale Materie ist, 26,8 Prozent ist dunkle Materie und 68,3 Prozent ist dunkle Energie. Sicherlich eine phantastische Leistung der Wissenschaft. Aber wer kann es nachprüfen? Wem nützt es und vor allen Dingen: Kann man es wirklich glauben?

Eine Meditationsübung über den unendlichen Raum - wohin fliegen unsere Gedanken? Wir haben das Bewusstsein der Existenz göttlicher Energien erreicht, aber die Anzahl der existierenden Fragen ohne Antworten hat sich dadurch keinesfalls vermindert!

Zur Reinkarnationstherapie

Die Reinkarnationstherapie ist der Versuch, verschiedene seelische Probleme als über mehrere Leben entstanden zu sehen. Die Probleme werden dann nach klassischen Mustern behandelt. Die Psychotherapie erstreckt sich über mehrere Inkarnationen, und eine qualifizierte Tiefenhypnose ist dazu ein wichtiges Werkzeug.

Voraussetzung für die erfolgreiche Anwendung dieser Therapieform ist ein abgeschlossenes Psychologie- oder Medizinstudium mit Psychiatrie sowie eine psychoanalytische oder psychotherapeutische Ausbildung.

Natürlich stellt sich jetzt sofort die Frage: Kann man die Wiedergeburt überhaupt beweisen. Für die Bemühungen um Beweise hat sich Ian Stevenson, 1918 bis 2007, sehr verdient gemacht. Leider ist dieser grandiose Forscher 2007 gestorben.

Disziplinen, die in Parabereichen forschen, haben grundsätzlich den Nachteil, dass die Reproduzierbarkeit nicht ohne weiteres herstellbar ist. Für Wissenschaften wie Chemie, Physik oder Biologie ist die Reproduzierbarkeit von den Experimenten oder Messergebnissen eine conditio sine qua non. Das Forschungsinteresse in den Para-Gebieten ist dennoch enorm groß, weil die Resultate oftmals ganz besondere Überraschungen bereit halten.

Um eines von vielen Beispielen zu nennen: Eine Patientin wurde in Tiefentrance versetzt und spricht plötzlich altaramäisch. Sie ist Hausfrau, spricht ein paar Worte englisch und hat ansonsten in Bezug auf Sprachen kein besonderes Interesse. Sie hat auch weder Freunde noch Verwandte aus diesem Sprachraum. Solche Sitzungen werden stets durch Tonträger dokumentiert.

Zwei Spezialisten, denen die Aufnahmen vorgeführt wurden, haben eindeutig identifiziert, dass es sich um die aramäische Sprache gehandelt hat. Nicht bei jeder Tiefenhypnose treten Phänomene auf, die ausgesprochen überraschend oder spannend sind. Andererseits können auch künstlerische Fähigkeiten bei Patienten auftauchen, die für den Patienten vollkommen neu und kaum vorstellbar sind.

Für die Parapsychologie ist die Unberechenbarkeit geradezu typisch; Beobachtungen und Forschungsergebnisse sind aber immerhin so faszinierend und teilweise beinahe unglaublich, dass an der Problematik intensiv gearbeitet wird.

Viele halten diese Veröffentlichungen, die schließlich von ernsthaften und anerkannten Wissenschaftlern und keinesfalls von Zauberkünstlern gemacht werden, für Lug und Trug, einfach um Aufmerksamkeit zu erwecken. Dass das so nicht stehen bleiben darf, ist erklärbar, sonst würden sich nicht namhafte Universitäten in aller Welt sehr aufwändig mit der Reinkarnation befassen, beispielsweise die Universitäten in Freiburg, Deutschland; Princeton, USA; Edinburg und Northhampton, England; Utrecht, Holland; Lund, Schweden, um nur einige zu nennen. Kürzlich wurde an der Hamburger Universität über ein Semester das Thema ‚rebirth' behandelt.

Die beiden Weltreligionen Hinduismus und Buddhismus behandeln mit großer Selbstverständlichkeit die Reinkarnationslehre, die allerdings in den *Veden* noch nicht erwähnt wird (Das Wort ‚*Veda*' bedeutet Wissen, die *Veden* sind eine Schriftensammlung aus dem Sanskrit und gelten auch als heilige Schrift des Hinduismus). Die Buddhisten beziehen sich auf die Upanishaden, die gleichzeitig auch eine subtile Karmalehre beinhalten.

Über die Reinkarnationsproblematik im Christentum wurde in diesem Buch bereits eingegangen.

Der Islam behandelt die Reinkarnationslehre in seinen mystischen Orden, dem Suffismus.

Ein mental großes Hindernis sowohl für die Reinkarnationslehre als auch der Reinkarnationstherapie ist der Auferstehungsmythos einiger Religionen. Am Tag des jüngsten Gerichtes kommen alle Toten aus ihren Gräbern und werden nach ihren Taten und Gedanken zu Lebzeiten beurteilt oder verurteilt.

Im Tanach des Judentums wird die Auferstehung aller Toten vertreten.

Im Christentum ist man der Auffassung, dass die Toten so lange unter der Erde bleiben, bis sie von den Posaunen des jüngsten Gerichtes geweckt werden.

Im Islam vertritt man ähnliche Vorstellungen wie im Christentum.

Die Anhänger der Auferstehungslehre argumentieren so: Wenn jemand tot ist, dann ist das sichtbar. Eine Seele, die zurückkommt, hat sich ihnen noch nicht vorgestellt, und da sie die Seele nicht sehen können, existiert sie wohl auch nicht.

Von den Naturwissenschaften wissen wir allerdings, dass das Meiste, das es überhaupt gibt, dem Auge nicht zugänglich ist. Wir können beispielsweise weder Atome, Neutronen oder elektromagnetische Felder sehen.

Man geht eben von der Vorstellung aus, dass im jüngsten Gericht Skelette mit einer Posaune reanimiert werden können.

Die Vorstellung, dass sich nach dem Tod Körper und Seele trennen, erscheint auf jeden Fall sehr viel natürlicher und glaubhafter. Der Mensch in seiner Gesamterscheinung ist eine Summe mehrerer Energiefelder, die dauerhaft nicht zusammenbleiben können. Die Unsterblichkeit der Seele wird durch den göttlichen Funken, der in jeder Seele vorhanden ist, vermittelt. Vermutlich ist die Unsterblichkeit eine Eigenschaft der göttlichen Primärenergie, die nicht mehr teilbar ist und somit auch nicht zerstört werden kann.

Dieses Nachwort ist insofern notwendig, weil es bestimmt vielen Menschen Trost geben und ihnen vermitteln kann, dass der körperliche Tod lediglich ein Stück des Lebens ist. Immerhin beginnt er bereits bei der Geburt.

Einen innerlichen Zugang zur Reinkarnationstherapie kann man sich verschaffen, wenn man es auch ernsthaft möchte. In Deutschland leben einige sehr profilierte und qualifizierte Reinkarnationstherapeuten, beispielsweise Trutz Hardo oder Thorwald Dethlefsen. Und wer sich mit den praktischen Aspekten befassen möchte: Es gibt enorm viel und gute Literatur zum Thema.

Ein kleines Lexikon der Pflanzentherapie (Phytotherapie)

Worin besteht eigentlich der Unterschied zwischen Schulmedizin und Alternativmedizin? Nimmt man die Substanzklassen der sogenannten Roten Liste, die ziemlich alle gängigen und aktuellen Medikamente enthält, dann wird man schnell feststellen, dass es zahlreiche Medikamente gibt, die der Natur entnommen wurden. Sie sind klar definiert nach Gewicht, Dosis und chemischer Struktur.

Jetzt taucht die Frage auf: Weshalb brauche ich dann überhaupt die Alternativmedizin? Die Frage ist schnell und präzise beantwortet: Der wesentliche Unterschied zwischen beiden Disziplinen bringt eigentlich der Interpretationsunterschied der Krankheitsvorgänge.

Um ein Beispiel zu nennen: Herzinsuffizienz, das ist die Schwäche des Herzmuskels. In der Lunge kann sich Wasser ansammeln, die Beine können anschwellen, insgesamt ein bedrohlicher Zustand.

In der Mainstream-Medizin treibt man das Wasser durch Diuretika aus den befallenen Organen.

Ist damit die Therapie befriedigend abgeschlossen? Wohl kaum. Als Interpret dieser Vorgänge könnte man sagen, ein schwacher Herzmuskel kann durch entsprechende Medikamente gestärkt werden. Das ist richtig, aber bezogen auf das Überleben des Patienten ein tödlicher Irrtum.

Herzmuskelschwäche ist oft Folge einer schleichenden Entzündung des Herzmuskels. Treibt man diesen entzündeten Muskel mit Digitalis oder ähnlichen Präparaten an, dann verweigert dieser Muskel plötzlich seinen Dienst. Behandelt man aber zuerst die Entzündung, dann steigt die Überlebensquote der Patienten. Mit anderen Worten: Die Entzündungsbehandlung muss vor der Stärkung des Herzmuskels erfolgen.

Nun wachsen tausende von Heilpflanzen, die den Inkarnaten auf unserem Planeten das Leben erleichtern können.

Auf den folgenden Seiten werden einige wichtige Heilpflanzen aufgezählt, die zur klassischen Phytotherapie gehören. Verschiedene Lehrbücher wurden teilweise als Informationsquelle benutzt. Insbesondere sei Gerhard Madaus erwähnt, dessen großes und beachtliches Wissen seit Jahrzehnten der geplagten Menschheit Erleichterung verschafft.

Dieses kleine Lexikon soll dazu dienen, den Lesern einige interessante Beispiele zu zeigen, wie die Pflanzenwelt im Laufe der Zeit, wir können auch sagen im Laufe der Evolution, den Menschen immer mehr geholfen hat. Die Pharmazie würde ohne diese Pflanzenkunde nicht in der heutigen, modernen Form existieren.

A

Absinthum (Wermut, Artemisia, Absinthgum, Alsem, Wiegenkraut)

Absinth wurde als Wundermittel gegen Cholera, Rheuma, Malaria und viele andere Krankheiten eingesetzt. Ein Absinthschnaps galt als abortivum; er enthält Thujone (bicyclische Monoterpene). Thujone sind ein kräftiges Nervengift, das von Gaugin, Rimbaud, van Gogh und anderen getrunken wurde, um halluzinatorische Zustände zu erreichen. Das Artemisinin gehört zu den Sesquiterpenen und kommt in den Blättern des Beifusses (artemisia annue) vor. Es wird heute erfolgreich bei der Bekämpfung von Malaria eingesetzt.

Acalypha indica (indisches Brennkraut, ortie dinde)
Es kommt in den heißen Gegenden Indiens und Ceylons vor. Es wird bei Lungenblutungen und anderen Hämorrhagien eingesetzt. In Ostindien benutzt man es als Wurmmittel und es wirkt auch emetisch. Emetika werden in der Medizin eingesetzt mit der Vorstellung, dass Substanzen, die Erbrechen hervorrufen, besonders stark entgiften. In der Homöopathie wird es in der Potenz D 1 eingesetzt.

Acanthus mollis (weicher oder wahrer Bärenklau)
Es handelt sich um eine Zierpflanze bis zu einem Meter Höhe. Die Wurzeln dieser Pflanze dienen als Kataplasma zur Behandlung von Brandwunden. Getrunken ist es ein starkes Diuretikum; Acanthus mollis enthält zirka zehn Prozent Gerbstoffe.

Aconitum napellus (blauer Eisenhut oder Sturmhut)
Aconitum ist der Sage nach aus dem Speichel des Cerberus entstanden. Es enthält Aconitin, Picroaconitin, Aconin und Napellin. In der Medizin wird Aconitum nur homöopathisch benutzt ab D 4. Die Pflanze ist hochtoxisch und von nur ge-

ringer therapeutischer Breite. Schwere akute Entzündungen und schmerzhafte Nervenerkrankungen sind das Indikationsgebiet von Aconitum. Drei Milligramm Aconitum genügen bereits, um ein Pferd zu töten. Aristoteles soll durch Aconitum ums Leben gekommen sein. Toxische Dosen erzeugen Erstickungsanfälle.

Adonis vernalis (Teufelsauge)
Äußerlich angewendet können maligne Geschwülste erweicht werden. Indiziert ist es gegen Harnbeschwerden mit Steinleiden und auch kompensierte Herzinsuffizienz mit Hydrops. Steigerung der Urinproduktion. Bei toxischen Dosen entsteht Blutdruckerhöhung. Das Frühlingsröschen stammt aus Sibirien und kommt jetzt auch in den Wäldern Europas vor.

Aegopodium podagraria (Geissfuß, Giersch)
Der Giersch kommt in ganz Europa vor. Seit dem Mittelalter wird der Giersch als Gemüse gegessen und als Heilmittel benutzt. Beim Sammeln kommen oft Verwechslungen mit dem gefleckten Schierling vor, der sehr giftig ist. Giersch soll eine Wirkung haben gegen Podagra, und in der Tiermedizin kann er beim Rotlauf der Schweine benutzt werden.

Aesculus hippocastanum (Rosskastanie)
Rosskastanien helfen unter anderem bei hämorrhoidaler Konstitution und bei Aciditätsschwankungen. Außerdem sind sie gefäßerweiternd und haben eine antikoagulierende Wirkung.

Agaricus muscarius (Fliegenpilz, Fliegenblätterpilz)
Paracelsus hat diesen Pilz für Phtisis und Diabetes empfohlen, er soll auch gegen bösartige Geschwüre helfen. In Deutschland enthalten Fliegenpilze besonders viel Muscarin und sind dadurch toxischer als Pilze, die mehr Muskimol enthalten. Bei Vergifteten nimmt die Reizbarkeit bis zum Wahnsinn zu. Zur Herstellung der homöopathischen Essenz wird nur der oberirdische Fruchtkörper benutzt. In der US-Literatur wird der Agaricus blazei bei Tumorerkrankungen empfohlen, ebenfalls verbessert sich Arteriosklerose und Diabetes mellitus. Der Agaricus brasiliensis besitzt ähnliche Eigenschaften wie der Agaricus blazei.

Agave amerikana (Aloe)
Aloe ist ein Diuretikum. Urwaldindianer behandeln Warzen und Krebsgeschwüre damit. Die Hauptwirkstoffe der Pflanze sind Saponine.

Agnus castus (Keuschlamm oder Tanis)
Durch eine Überdosis von Agnus castus entsteht Impotenz. Therapeutisch indiziert ist es bei Prostatitis, Orchitis, Sterilität der Frau. Am stärksten wirken die Samen. Es gehen hormonartige Wirkungen von Agnus castus aus; die rotschwarzen Früchte werden als Gewürz und als Anaphrodisiakum benutzt.

Agrimonia eupatoria (Odermenning, Ackermenning, Leberklee, Magenkraut)
Hilft bei Störungen der Leber und Galle, Magenschmerzen, Bettnässen. Die Wirkungen gehen von Gerbstoffen aus. (Gallotannin, Bitterstoffe, Quercetin, Apigenin).

Alchemilla vulgaris (genuiner Frauenmantel)
Die Pflanze wirkt wundheilend, auch bei inneren Verletzungen, Wechseljahrsbeschwerden, Angstzuständen.

Allium sativum (Knoblauch)
Paracelsus bezeichnete Knoblauch als giftwidriges Mittel, das auch gegen Pest helfen soll; es fördert die Nierenfunktion und wirkt allgemein antientzündlich; im Tierversuch wirkt Knoblauch lebensverlängernd. Eine Gruppe von Versuchs-

mäusen bekam zu ihrer normalen Ernährung noch Knoblauchöl, die Knoblauchgruppe lebte zirka 200 Tage länger. Es hilft auch bei Arteriosklerose. Die Inhaltsstoffe sind Alliin und Alliciin; diese Substanzen wirken antibakteriell und antithrombotisch. Knoblauch senkt signifikant den Cholesterinspiegel.

Arnica montana (Berg-Wohlverleih, Kraftwurz)
Diese Pflanze besitzt eine entzündungshemmende Wirkung ebenso stimuliert sie das Immunsystem bei antiseptischer Wirkung. Die Inhaltsstoffe sind Helenalin, Thymol, Hydroxycoumarine, Phenylacrylsäure. Zu hohe Dosen an Dihydrhelenalin können zu Herzstillstand führen.Die orale Verabreichung von Arnica ist nicht erlaubt (Ausnahme: Homöopathie)

Asant foetida (Stinkasant, Teufelsdreck)
Asant hilft bei Asthma bronchiale und Darmentzündungen. Auch als Wurmmittel soll er nützlich sein. Im Mittelalter wurde der Asant auch als Waffe benutzt, der Gestank wurde durch Zumischungen ins Unerträgliche gesteigert und mit Stinktöpfen ins gegnerische Lager geschleudert; die Volltreffer waren sehr demoralisierend.

Asparagus (Gartenspargel)
Er wurde als Gemüse und auch als Medizin benutzt. 3000 v. Ch. gab es in Ägypten bereits die ersten Beschreibungen. Bekannt war er auch in Syrien, Griechenland, Spanien und Rom. Die Spargelwurzel wurde von Hippokrates als blutreinigende Medizin betrachtet. Spargel wirkt diuretisch und wurde bei Nieren und Blasenleiden eingesetzt; rheumatische Entzündungen können durch Spargel provoziert werden. Spargel enthält Asparagin, das dem Urin einen charakteristischen Duft verleiht. Auch andere Substanzen sind im Spargel nachweisbar: Dimethylsulfoxid, Dimethylsulfid, Dimethylsulfon und weitere.

Aperula odorata (Echter Waldmeister, wohlriechendes Labkraut)
Gilt als Leber- und Wundheilend. Als Diuretikum bewährt es sich bei Steinleiden. Cumarin hat eine leicht abstumpfende Wirkung auf das Zentralnervensystem, die Coumaringlykoside sind wenig giftig, bei häufiger Wiederholung können allerdings Leberschäden auftreten.

Aurantium (Citrus aurantium, Pomeranze)
Zitruspflanzen sind eine Kreuzung zwischen Mandarine und Pampelmuse.Aus der Fruchtscha-

le wird Orangeade gewonnen, aus der Gesamtfrucht Marmelade hergestellt. Synaphrin kommt in der Bitterorange vor und wird als fat burner gehandelt. Das Hesperidin besitzt positive entzündungshemmende Wirkung im Herz-Kreislaufsystem.

Avena sativa (Hafer, Haber, Saathafer)
Enthält Avenin, das die Reizbarkeit des Zentralen Nervensystems erhöht. Trigonellin und Vanillinglycosid haben ähnliche Wirkungen. Gramin, das auch im Hafer enthalten ist, wirkt eher schlaffördernd; positive Wirkungen erzielen diese Substanzgruppen bei Diabetes mellitus und Bluthochdruck.

B

Balsamum peruianicum (Peru-Balsam)
Er ist dunkelbraun und flüssig, hat einen Vanillegeruch. Durch anräuchern des von Rinde befreiten Balsambaumes tropft die Substanz ab, sie besteht zu 65 Prozent aus Benzoesäurebenzylester, der Rest aus Zimtsäurebenzylester; der Balsam hilft bei Wunden und Hämorrhoiden.

Belladonna (Tollkirsche)

Die parasympathischen Nervenendigungen werden durch Atropin blockiert; Bestandteile der Blätter sind Hoscyamin, Atropin, Methylpyrrolidin und andere. Halluzinationen und Schluckhemmungen gehören zu den Nebenwirkungen. Atropin hilft sehr gut bei chronischen Magenschmerzen.

Bellis perennis (Gänseblümchen, Massliebchen)

Es zählt zu den Wundheilmitteln, schmerzhafte Verrenkungen können gut beeinflusst werden.

Betula alba (Birke)

Birkensaft wirkt bei Steinleiden, Leberleiden, Hautunreinheiten. Bei kardiovaskulärer Insuffizienz kann die Birke die Wasserausscheidung begünstigen.

Bryonia (weisse Zaunrübe)

Sie wirkt bei Wasseransammlungen und Gicht; die Inhaltsstoffe sind Bryonin und Bryonidin.

Bursa pastoris (Hirtentäschelkraut)

Es hilft bei Durchfällen und zu starker Menstruation.

C

Cactus grandiflorus

Er wirkt herzstärkend und hilft auch bei Herzklappenfehlern.

Calendula (Ringelröschen)

Es wirkt allgemein entzündungshemmend und wundheilend. Die Inhaltsstoffe: Quercetin, Isorhamnetinglykoside, Sesquiterpene und andere.

Camphora

Es steigert die Erregbarkeit der Nerven, Koronargefäße erweitern sich, die Nieren arbeiten besser.

Cannabis

Ist seit 5000 Jahren als Heilpflanze bekannt. Das Hin- und Hergezerre mit der Gesetzeslage soll hier nicht erörtert werden; im israelischen Rechtssystem darf jeder soviel Cannabis anpflanzen, wie er braucht.

Cannabis kann bei Tumorschmerzen hilfreich sein, auch die MS-Spastik kann merklich gelindert werden. Viele andere positive Merkmale sind nachgewiesen.

Aus Hanf kann man auch Papier und Wolle herstellen; die Wälder unserer Welt könnte man durch Hanfanbau schonen und dadurch eine Klimaverbesserung bewirken. Die mangelhafte geistige Beweglichkeit der „Mächtigen" gehört zu den größten Hindernissen, die dieser Pflanze im Weg stehen.

Capsicum (Pfeffer)

Zu den Hauptsubstanzen gehört Capsaicin; es ist eine gewebereizende Substanz, die als Salbe benutzt, lokale Rheumatismen gut beeinflussen kann.

Carduus benedictus (Benediktinerkraut)

Es gehört zu den Bittermitteln (Amara), das bei Störungen des Magen-Darmtraktes benutzt werden kann.

Carduus marianus (Mariendistel)

Sie ist bei Erkrankungen von Leber und Gallengängen günstig. Inhaltsstoffe sind flavone Flavonoide, Sylibin, Silymarin und Gerbstoffe.

Carum carvi (Kümmel)

Er wirkt krampflösend und leicht antibakteriell. Die Inhaltsstoffe sind Phellandren, Phenolcarbonsäure und andere.

Castanea vesca

Die Kastanie besitzt den Wirkstoff Aescin; dieser wirkt entzündungshemmend und antikoagulierend.

Chamomillae

Wirkt entzündungshemmend im Weichteilbereich; es enthält Sesquiterpenlacton,
Bisabolol, Quercetin, Cosmotin und andere.

Chaulmoogra

Das Öl aus dem Samen dieser Pflanze hat Lepra heilende Wirkung. Einsatz in Indien und China. Inhaltsstoffe: Hydnocarbic acid, Moogric acid, Gorlic acid, Palmitinacid und weitere.

Chelidonium (Schöllkraut)

Therapeutischer Schwerpunkt: Leber- und Galleerkrankungen.
Inhaltsstoffe: Coptisin, Chelidonin, Sanguinarin, Apfelsäure und andere.

Chenopodium olidum (stinkender Gänsefuß)
Es ist ein gutes Spasmolytikum. Inhaltsstoffe: Trimethylamin, Betain.

Cimicifuga (Wanzenkraut)
Anwendung bei Dysmenorrhoe, Bronchitis, Rheuma; die Inhaltsstoffe beeinflussen das weibliche Endocrinium.

Cistus Canadensis
Ist sehr gerbstoffhaltig, hilft bei Darmentzündungen und Bronchitis.

Cocculus (Kokkelskörner)
Sie wirken psychoaktiv; werden fast nur homöopathisch angewendet.
Inhaltsstoffe: Berberine, Pikrotoxin und andere.

Colanuss (Frucht des Kolabaumes)
Stark koffein- und theobrominhaltige Frucht. Sie wurde ursprünglich Coca-Cola zugesetzt. Die Colanuss gilt als Aphrodisiakum.

Colchicum (Herbstzeitlose)
Der Hauptwirkstoff ist Colchicin und wird bei Gicht eingesetzt. Es ist auch ein Mitosegift und kann bei der Tumortherapie verwendet werden.

Colocynthis (Bittergurke)

Das gepresste Öl der Samenkörner enthält sehr viel Linolsäure und Bitterstoffe. Bei Störungen des Magens und des Darmtraktes oft sehr hilfreich.

Condurango

Bewirkt starke Stimulation der Magensaftsekretion und hilft auch bei großer Appetitlosigkeit.

Convallaria majalis (Maiglöckchen)

Ist sehr giftig! Homöopathisch dosiert ist es bei Herz- und Kreislaufstörungen ein wirksames Mittel. Inhaltsstoffe: Convallatoxin, Convallatoxol, Desglucocheirotoxin und andere.

Crataegus (Weissdorn)

Verhindert den pathologischen Umbau von Herzmuskelzellen und fördert die NO-Freisetzung. Es wirkt positiv inotrop. Gutes Therapeutikum für ein Altersherz.

Crocus (echter Safran)

Ist diuresefördernd, hilft bei Kopfschmerzen und Bronchialasthma, beruhigt Kinder.

Cucurbita pepo
Gut für Prostataleiden. Insbesondere das steirische Öl wirkt entzündungshemmend. Inhaltsstoffe sind: Phytosterole, Tocopherole, Cucurbitin und weitere.

Cyclamen (Alpenveilchen)
Gilt als gutes Uterusmittel und hilft bei Dysmenorrhoe. Ab der 4. Potenz sind keine toxikologischen Nebenwirkungen zu befürchten.

D

Damiana
Es ist ein Aphrodisiakum und enthält sehr viele Terpene, Cineol, Damiacenin, Pinen, Thymol.

Digitalis lanata
Digitalis wirkt herzstärkend, ist aber sehr giftig. Enthält zahlreiche Genine wie Digoxygenin, Gitoxigenin und andere.

Dioscorea villosa (Yamswurzel)
Enthält diosgenin; es ist hormonaktiv und wird oft als natürliches Progesteron interpretiert.

Drosera (Sonnentau)
Es ist eine fleischfressende Pflanze und besonders für Bronchitis geeignet. Die Hauptwirkstoffe sind Naphtoquinone.

Dulcamara (Bittersüss)
Es ist günstig für Psoriasis und Ekzeme. Die Pflanze ist giftig und enthält das Saponin Solanin.

E

Echinacea (Sonnenhut)
Es ist ein Immunstimulanz, das besonders bei eitrigen HNO-Infektionen hilft.

Ephedra (Meerträubel)
Stimuliert das Herz-Kreislaufsystem und Blutdruck steigt an.
Wirkstoffe: Ephedrin, Norephedrin.

Equisetum arvense (Ackerschachtelhalm)
Enthält sehr viel Kieselsäure. Wird zur Festigung des Bindegewebes benutzt. Eine Überdosierung führt zur Apoptosehemmung und Entzündungsneigung.

Eryngium maritinum (Stranddistel)
Gilt als Leber- und Nierenmittel.

Eukalyptus globulus (Fieberbaum)
Die ätherischen Öle stimulieren den Appetit. Eukalyptus wirkt antiseptisch und hilft bei Bronchitis und Asthma bronchiale. Zu den Wirkstoffen zählen die Terpene, Cineol, Pinen, Limonen und weitere.

Euphorbia (Wolfsmilch)
Früher wurde die Pflanze zur Therapie von Carcinomen und Ekzemen benutzt.

Euphrasia (Augentrost)
Hilft bei Augenentzündungen. Inhaltsstoffe: Catalpol, Aucubin, Ixorosid, Flavonoide, Cumarin, Phenolcarbonsäure und weitere.

F

Foeniculum (Fenchel)
Hilfreich bei Magenkrämpfen, Dyspepsie und wirkt darmstärkend. Wirkstoffe: Methyleugenol, Estragol und andere.

Foenum graecum (Boxhornklee)
Es ist ein Küchengewürz, das den Haarwuchs deutlich bessert und den Hustenreiz lindert.

Fumaria officinalis (Erdrauch)
Wirkt antiphlogistisch und hilft bei Ekzemen und Psoriasis. Inhaltsstoffe: Protopin, Sinactin, Flavonoide, Fumarsäure und andere.

G

Galium aparine
Ist ein Diuretikum und Antphlogistikum, das Heilprozesse gut unterstützen kann.

Gelsemium
Es ist ein Neurotoxin, das Therapieresistenzen abbauen kann. Wirkstoff: Methoxyindol. Es sollte nur homöopathisch angewandt werden.

Gentiana lutea (gelber Enzian)
Die Bitterstoffe wie Gentianapicrin helfen bei Malaria und Darmparasiten.

Ginseng (Panax Ginseng)
Wird oft als Geriatricum benutzt. Man fühlt sich frischer und vitaler. Inhaltsstoffe: Saponine, Triterpene vom Dammatentyp, Ginsenosiden und weitere.

Gossypium herbaceum
Hilft bei Myomblutungen und Dysmenorrhoe. Gossypol wurde in China versuchsweise als Verhütungsmittel für Männer eingesetzt.

H

Hamamelis (virginischer Zauberstrauch)
Wirkt blutstillend und entzündungshemmend, wirksam bei Hämorrhoiden und Krampfadern.

Heliotropicum
Es soll gegen Warzen und Krebs helfen. Wirkstoff: Heliotropin.

Helleborus niger
Ist toxisch für Herz-Kreislauf. Nur homöopathisch anwendbar ab D 4. Anwendung bei Herz-Kreislaufproblemen. Wirkstoff: Protoanemonin.

Herniara glabra (kahles Bruchkraut)
Gut für innere und äußere Bruchschäden. Ist ein Diuretikum und hilft auch bei Cytitis. Zu den Hauptwirkstoffen zählen Saponine.

Hydrastis (Kanadischer gelbwurz)
Wirkungsschwerpunkte sind die Schleimhäute. Die Wirksubstanz Hydrastin führt zur Abschwellung der Schleimhäute (Nase, Uterus und andere).

Hydropiper (Wasserpfeffer)
Wirkt vorwiegend hämostyptisch. Wirkstoff: Polygodial.

Hyoscyamus niger (Bilsenkraut)
Ist sehr giftig! Erzeugt Rauschzustände und Halluzinationen. Inhaltsstoff ist das Alkaloid hyoscyamin. Hippokrates und Paracelsus benutzten es als Beruhigungsmittel und zur Blutstillung.

Hyperikum (Johanniskraut)
Wirkt antidepressiv und beruhigend. Inhaltsstoffe: Hypericin, Flavonoide, Bioflavone und andere.

Hysopus officinalis
Hildegard von Bingen benutzte Ysop gegen Wassersucht und Steinleiden.

I

Ignatia (Ignatiusbohne, Brechnuss)

Enthält Strychnin und Brucin. In der antike wurde es als Kopfschmerzmittel benutzt. Zurzeit als Nux vomica verfügbar in der Potenz D 4 aufwärts benutzbar.

Ipecacuanha (Brechwurz)

Wurde erfolgreich bei Amöbenruhr benutzt. Bronchialschleim verflüssigt sich, deshalb auch bei Asthma bronchiale verwendbar. Inhaltsstoffe: Emetin, Cephaelin. Beide sind sehr giftig.

Iris versicolor

Hilfreich bei angiospastischer Migräne und Pankreaserkrankungen.

J

Jaborandi

Führt zur Erregung der parasympathischen Nervenendigungen. Wird in der Augenheilkunde zur Herabsetzung des intraokulären Drucks benutzt. Hauptwirkstoff: Pilocarpin.

Juniperus communis
Hat diuretische Wirkung und hilft bei nierenbedingter Wassersucht.
Wirkstoffe: Pinen, Terpineol, Myrcen, Flavonoide.

L

Laurocerasmus (Kirschlorbeer)
Wurde angewandt bei Asphyxie (blaues Gesicht), Krämpfe und Asthma. Das Fruchtfleisch wird in der Türkei als Marmelade verarbeitet. Der Samen enthält Cyanogene glykoside. Die Medizinen werden aus den Blättern hergestellt.

Lavendula (Lavendel)
Wirkt diuretisch und emmenagog. Es beruhigt und kann als Sedativa benutzt werden.

Levisticum officinalis (Liebstöckel)
Hilft bei Cystits pyelitis und Nierenerkrankungen.

Liquiritia officinalis (Süssholz)

Enthält das Saponin glycyrrhizin. Es hat cortisonartige Wirkungen, ist aber dabei viruzid. Bei den meisten Entzündungen ist Süßholz sehr hilfreich.

Lobelia inflata (Indianertabak, aufgeblasene Lobelie)

Hilft sehr gut bei Bronchialasthma. Wirkstoff: Lobelin.

Lupulinum (Hopfen)

Enthält Humulon und Lapulon. Nachteilig für Männer kann sich das 8-Prenylnaringenin auswirken (Dickbäuchigkeit). Es ist ein Östrogenagonist. Glutenfreies Bier kann sich positiv bei Prostatacarcinomen auswirken.

M

Malva silvestris

Enthält Schleimstoffe (Glucuronsäure, Fructose etc.) Flavonoide, Anthocyane wie Malvin; generell bei Schleimhautentzündungen indiziert.

Mandragora (Alraun)
Wirkt halluzinogen. Von Hippokrates und Paracelsus als Beruhigungsmittel eingesetzt. Enthält als Wirkstoff Scopalmin.

Medicago sativa (Alfalfa)
Enthält sehr viel Chlorophyll. Ebenso Tyrosin und Tryptoiphan. Chlorophyll besitzt entzündungshemmende Wirkungen und kann Autoimmunerkrankungen lindern.

Melilotus officinalis (Steinklee)
Enthält Cumaringlykoside. Es wirkt positiv auf venöses und arterielles Gefässendothel. Keine Gerinnungshemmung.

Millefolium (Schafgarbe)
Indiziert bei Blutungen und Hämorrhoiden. Es ist ein Hämostyptikum und enthält Bitterstoffe, Flavonoide, Gerbstoffe und andere.

Muira puama (Potenzholz)
Es verbessert bei Frauen Menstruationsbeschwerden und bei Männern die sexuelle Potenz. Inhaltsstoffe: Muira puama, Coumarin, Behensäure, Pinen, Limonin und weitere.

Myosotis arvensis (Ackervergissmeinnicht)
Hilft bei Entzündungen, insbesondere im lymphatischen Bereich.

Myrrha (Myrrhe)
Sie ist ein Entzündungshemmer insbesondere bei Morbus Crohn, Colitis ulcerosa. Die Wirksamkeit wird mit Mesalicin verglichen.

Myrtillus (Heidelbeere)
Ist ein bewährtes Diabetesmittel. Wirkstoffe: Anthocyanidin, Caffeoylsäure und andere.

N

Nasturtium aquaticum (Brunnenkresse)
Sie ist als Heil- und Genussmittel bekannt (schon in der Antike). Hilft gegen Würmer und gilt als Blutreinigungsmittel. Inhaltsstoffe: Phenylpropionsäurenitril, Gerbstoffe, Bitterstoffe und weitere.

Nigella sativa (Schwarzkümmel)
Das Öl ist seit 3000 Jahren bekannt; es gilt als antiallergisch und entzündungshemmend. Es kann auch bei der Tumortherapie hilfreich sein.

Nux moschata (Muskatnuss)
Ist vorwiegend im zentralen Nervensystem wirksam. Wirkt antidepressiv. Bei Überdosierung Hypertonie. Wirkstoff: Carvon.

Nux vomica
Enthält Strychnin und kann nur in homöopathischer Dosierung eingesetzt werden. Strychnin führt zu einer polysynaptischen Reflexenthemmung. Homöopathisch angewandt, werden diese Reflexe blockiert. Es beruhigt dann eher.

O

Oleander
Wirkt herzstärkend durch Digitaloide und hilft bei Erschöpfungszuständen und Kopfschmerzen.

Olibanum (Weihrauch)
Wirkt entzündungshemmend und verbessert die Körperimmunologie. Inhaltsstoffe: Boswelliasäure, Thuyin, Phellandren, Pinen und andere.

Origanum heracleoticum
Wirkt nervenstärkend und hilft bei Störungen der Sexualsphäre.

Orthosiphon stamineus
Hilft bei Nieren- und Blasenentzündung sowie Albuminurie.

P

Paeonia officinalis (Pfingstrose)
Wirkt krampflösend und kann Epilepsietherapien unterstützen.

Passiflora incarnata
enthält Flavonoiddrogen, wirkt stark angstlösend.

Petasites (Pestwurz)
Wirkt krampflösend und emmanagog. Es wurde schon als Wurmmittel benutzt. Inhaltsstoffe: Pyrrolizidinalkaloide, sie wirken teilweise als Leukotrienesynthesehemmer.

Petroselinum (Petersilie)
Ist ein Diuretikum. Es hilft bei Nierenentzündungen und Blasenproblemen. Inhaltsstoffe: Ätherische Öle, Apiole, Myristicin.

Physalis alkekengi

Ist ein Entzündungshemmer und wirkt nierenstärkend. Wirkstoffe: Physalin, Vitamin C und Carotinoide.

Phytolacca decandra

Enthält Triterpensaponine (Phytolaccagenin) und Lectine. Die Pflanze ist giftig und kann nur homöopathisch benutzt werden. Nach von Haller ist es eine zuverlässige Kraft gegen den Krebs.

Picea excelsa (Fichte)

Wirkt antiseptisch und antimykotisch. Begünstigt Sekretolyse und Schleimhauterkrankungen. Inhaltsstoffe: Bornylacetat, Limonen, Camphen, Flvonoide und weitere.

Pimpinella anisum

Enthält Transanethol cis.anethol, Estragol, sesquiterpene und andere. Wirkt sekretionsteigernd bei entzündeten Schleimhäuten.

Piper Methystkum (Kawa-Kawa)

Wirkt entzündungshemmend bei Cystitis und Prostatitis. Es kann auch bei der Überwindung von Rheumaschmerzen hilfreich sein.

Pirus malus (Apfelbaum)
Die Apfelbaumrinde enthält Phlorizin und ist hilfreich bei Malaria. Sie war früher Chininersatz.

Plantago lanceolata (Spitzwegerich)
Inhaltsstoffe sind Aucubin, Catalpol, Asperulosid, Saponine und andere. Zahnschmerzen und Entzündungen der Atemwege sind die Hauptindikation.

Podophyllum (Maiapfel)
Enthält Podophyllotoxin und Podophyllin. Ist sehr giftig, früher wurden Kondylome, Carcinome und teilweise auch Leukenien damit behandelt.

Polygonum aviculare (Vogelknöderich)
Ist ein Entzündungshemmer und blutstillend. Inhaltsstoffe: Gallotannine, Avicularin, Phenolcarbonsäure und andere.

Populus tremula
Enthält Salicylsäure und ist entzündungshemmend. Es wirkt besonders gut bei Prostatitis.

Primula veris
Enthält Phenoglykoside, Primulasaponin, Primacrosaponin und weitere. Es kann bei Bronchitis und rheumatischen Entzündungen benutzt werden.

Pulmonaria officinalis
Wirkt im Lungenbereich und ist stark entzündungshemmend. Es enthält Saponine und Gerbstoffe

Pulsatilla
Enthält Anemonin, Protoanemonin, Ranunculin und andere. Wird eingesetzt bei Stimmungsschwankungen im Zusammenhang mit den Genitalzyklen.

Q

Quassia amara
Hilft bei Leberleiden. Ascites scheint sich schneller abzubauen. Inhaltsstoff: Quassia.

Quercus robur (Stileiche)
Gut für entzündliche Hautleiden (als Bad). Die Inhaltsstoffe sind Catechingerbstoffe, Flavonoellagitannine und andere.

R

Rhus toxicodendron (Giftsumach)
Enthält Fisetin, Gallussäure, Rhusgerbsäure und weitere. Nur die homöopathische Zubereitung wird benutzt. Neuralgien und Rheumaschmerzen können damit behandelt werden.

Ricinus communis
Die wirksame Substanz des Öles ist die Rizolsäure, die im Dünndarm durch Lipasen freigesetzt wird und dann zu Durchfällen führt. Wird Rizinusöl äußerlich eingesetzt, bilden sich Gesichtsfalten zurück. Einreibungen führen zum Rückgang innerer Entzündungen.

Rosmarinus officinalis
Hilft bei Rheuma und Migräne und verbessert Alzheimer-Symptome. Wirkt auch antiseptisch und antimykotisch. Inhaltsstoffe: Cineol, Campher, Borneol und andere.

Rubia tinctorum (Krapp)
Ist ein Diuretikum und Emmenagogum. Hilfreich bei Steinleiden im Nieren- und Blasentrakt. Inhaltsstoffe: Vorstufe zu Alizarin, Primverosid, Gerbstoffe und andere.

R

Rumex acetosa (Sauerampfer)
Den Wurzeln werden wund- und geschwürheilende Wirkungen zugeschrieben. Die Blätter haben Gallensteinauflösende Wirkung und wirken antiarthririsch. Inhaltsstoffe: Vitamin C, Kaliumhydrgenoxalat. Risiko von Oxalatsteinen bei Überdosis.

Ruta graveolens (Weinraute)
Hilft sehr gut bei Sehschwäche durch Muskelübermüdung.
Inhaltsstoffe: 2-Nonylacetat, 2-Undecylacetat und Methylnonylketon.

S

Sabal serrulata (Zwergpalme)
Hilft sehr gut bei Prostataproblemen. Inhaltsstoffe: Phytosterole, mittelkettige Fettsäuren (Capronsäure, Caproylsäure, Palmitinsäure und andere).

Salix (Weide)
Hilft bei Fieber und Rheuma. Enthält Salicylsäureglucuronide.

Salvia officinalis
Reguliert vorwiegend die Schweissdrüsensekretion und hilft bei Entzündungen. Enthält Thujon (giftig), Rosamarinsäure, Cineol und andere.

Sambucus nigra (schwarzer Holunder)
Sehr gutes Diaphoretikum. Radix sambuci: Der Saft der Wurzeln hilft bei Neuralgien und Ischiasschmerzen. Inhaltsstoffe: Sambucin, Sambicyanin, Chrysantemin, Anthocyanidine und weitere.

Sanguinaria
Gutes Diaphoretikum, Expectorans. Stimuliert Leber und Milzfunktion.

Saponaria (echtes Seifenkraut)

Wurde in der Antike auch zur Reinigung von Kleiden benutzt. Es wirkt schleimlösend und kann bei hartnäckigem Husten hilfreich sein.

Sarsaparilla

Wirkt entzündungshemmend bei Psoriasis, Rheuma und Dermatitis. Inhaltsstoffe: Sitosterin, Stignasterin, Parillin, Sarsaparin und andere.

Sassafrass officinalis

Wirkt diuretisch, schweisstreibend. Soll früher bei Syphilis geholfen haben. Wurzeln wurden auch als Kauhölzer benutzt. Das Öl enthält Safrol (80%) und ist der Ausgangspunkt für die Ecstasy Synthese.

Scilla (echte Meereszwiebel)

Kann zur Stärkung des Herzens benutzt werden. Inhaltsstoffe: Proscillaridin, Bufadienolide und andere.

Secale cornutum (claviceps purpurea)

Ist toxisch und führt zu Gefäßkrämpfen. Pharmazeutisch zubereitet kann man Migränemedikamente und durchblutungsfördernde Medikamente herstellen.

Silphicum laciniatum
Gut geeignet für Asthma bronchiale.

Sinapis nigra (Schwarzer Senf)
Inhaltsstoffe: Senföle, Erucasäure, Isothiocyanate und andere. Wird in Form von Umschlägen angewandt bei Rheuma und Asthma.

Solanum nigrum (Schwarzer Nachtschatten)
Ist giftig und enthält Alkaloide wie Solanin. In der afrikanischen Volksmedizin soll der Nachtschatten vor Marasmus und Kwashiorkor schützen, wenn man jeden Tag ein bisschen davon isst. Hippokrates und Paracelsus schildern den Nachtschatten als Entzündungshemmer. Zerebrale Reizzustände werden gedämpft.

Solanum tuberosum (Kartoffel)
Der Saft der Kartoffel soll bei intestinalen Reizzuständen und bei Übersäuerung helfen.

Solidago virga aurea (Gewöhnliche Goldrute)
Enthält Sesquiterpen-lactone und gilt als hervorragendes Nierenmittel.

Spiräa ulmaria (Wiesenkönigin)
Enthält folgende Wirkstoffe: Flavonoide, Gerbsäuren, Zitronensäure und weitere. Es ist hilfreich bei Rheuma und unregelmäßigem Puls.

Staphisagria (Stephanskraut)
Ist sehr giftig und nur homöopathisch anwendbar. Enthält Delphinin (Aconitin ähnlich), Staphisin, Asoatizin und andere. Es hilft bei starken nervösen Erschöpfungszuständen.

Stigmata maydis (Maisnarben)
Enthält glukosidische Bitterstoffe, Saponine und andere. Ödeme, insbesondere durch Herzwassersucht, können damit gut behandelt werden.

Stramonium (gemeiner Stechapfel)
Enthält Hyoscyamin, Scopalmin und andere. Ist sehr giftig und wirkt halluzinatorisch. Hufeland benutzte es, um Geistesgestörtheit zu therapieren und Krampfbereitschaft zu lindern. Paracelsus macht zum Stechapfel ähnliche Angaben.

Strophantus gratus
Enthält g-Strophantin. Bei weitgehend zurückgedrängter Myocarditis wird Strophantin von Herzpatienten als sehr wohltuend empfunden. Ludolf

von Krehl hatte zu seiner Zeit sehr positive Berichte über Strophantin veröffentlicht. Heute ist Strophantin nur noch in speziellen Apotheken zu bekommen.

Symphytum officinalis (Beinwell)
Verletzungen und Traumen sind das Spezialgebiet von Symphytum. Regenerative Vorgänge im Körper werden massiv gefördert. Inhaltsstoffe: Allantoin, Gerbstoffe, Pyrrholizidinalkaloide, Flavonoide und andere.

T

Taraxacum (Löwenzahn)
Er besitzt eine sehr starke leberprotektive Wirkung. Zudem begünstigt er die Apoptose folgender Gruppen von Tumorzellen: 1. Prostata; 2. Brust; 3. Leber; 4. Pankreas und 5. Leukämien. In Frankreich wird zum Essen häufiger Löwenzahn gereicht als in Deutschland. Für jeden Leberschwächling ist die tägliche Gabe von Löwenzahn ein Muss.

Taxus baccata

Die Wirkstoffe der Eibe sind herzstärkend; die Inhaltsstoffe sind Diterpene, Baccatin III, cyanogene Glycoside, Taxiphyllin, Ginkgetin und weitere. Die Pharmakochemie konnte aus den Inhaltsstoffen der Eibe cytostatische Substanzen gewinnen: 1. Paclitaxel und 2. Docetaxel.

Thuja occidentalis

Wird als Diaphoretikum, Diuretikum und Antirheumatikum benutzt. Inhaltsstoffe sind Monoterpene, Thujon und weitere.

Tormentilla

Ist viruzid, bakterizid und adstringierend durch einen hohen Gerbsäuregehalt. Es ist entzündungshemmend und ein gutes Antidiarrhoicum.

U

Urtica dioica (Brennessel)

Sie ist harntreibend und hilft bei Prostatahyperplasie und Rheuma. Inhaltsstoffe: Skopolitin, Sitosterin, Histamin, Serotonin, Acetylcholin und andere.

Uva ursi (Bärentraube)
Hilft bei Infektionen des Harntraktes. Inhaltsstoffe: Arbutin, Gerbstoffe, Flavone, Glykoside und weitere.

V

Valeriana (Baldriun)
Enthält Valeriansäure, Sesquiterpene und weitere. Es beeinflusst die GABA-Rezeptoren und hilft gut bei Schlaflosigkeit und Unruhe durch Stress.

Veratrum album (Weisser Germer)
Ist sehr giftig durch Germerin und Protoveratrin. In der Vergangenheit wurde es als Analepticum bzw. Tonicum benutzt. Wirkt auch antiphlogistisch. Hufeland verordnete Veratrum bei dauernder Depressivität. Hippokrates war ein großer Verehrer dieser Heilpflanze.

Verbena officinalis (Eisenkraut)
Besitzt neuroprotective Wirkung und hat antidepressive Effekte. Inhaltsstoffe: Verbenalin, Iridoid, Glycoside, Verbascosid und andere.

Veronica (Ehrenpreis)
Hilft bei Entzündungen des Respirationtraktes, besonders bei starker Verschleimung. Inhaltsstoffe: Bitterstoffe, Gerbstoffe, Saponine und andere.

Vinca minor (Immergrün)
Ist sehr giftig! Vincamin und Eburnamenin gehören zu den Hauptwirkstoffen. Es wirkt entzündungshemmend und hämostyptisch. Es sollte nur homöopathisch eingesetzt werden.

Viola tricolor (Stiefmütterchen)
Ist wirksam bei Ekzemen. Rhamnose, Gerbstoffe, Salicylsäure, Luteolin, Umbelliferon und andere sind die Inhaltsstoffe.

Y

Yagé
wird aus der Liane Banisteria caapi gewonnen. Es wirkt stimmungsaufhellend und krampflösend bei Parkinson, Multiple Sklerose und Epilepsie. Die südamerikanischen Indianer stellten aus Yagé ein psychoaktives Getränk her. Inhaltsstoffe: Harmin, Harminoxid, Harmalin, Methoxytryptamin, Pyrrolidonbasen und andere.

Yohimbe
Hilfreich bei psychogener Impotenz und ejaculatio praecox. Die Tagesdosis sollte 100 mg nicht überschreiten, es belastet Leber und Niere.

Z

Zingiber (Ingwer)
Ist stark viruzid, entzündungshemmend und atiemetisch. Die Inhaltsstoffe sind: Oleoresin, Gingerolen, Shoguolen und weitere. Der tägliche Ingwerteegenuss kann eine anfällige Gesundheit stabilisieren. Die Wurzeln sind in vielen Lebensmittelgeschäften zu erhalten.

ISBN 978-3-86476-064-8
Softcover
326 Seiten
Preis: 14,80 €

Kastaniensommer

Eine Geschichte,
die Sie vielleicht ins Herz trifft...

Nur ein einziger Sommer unbeschwerten Glücks im Schatten der mächtigen Kastanie bleibt für Mimmo und ihren Nikolaus, dann muss er zurück an die Front. Der kleine Niko wird seinen Vater nie kennenlernen; und seine Mutter erlebt das Schicksal so vieler junger Frauen in einer Zeit, die in unzähligen Familien bestimmt war von schmerzlicher Trauer und geprägt von einem Aufbruch, der einem wahren Wunder gleichkam.
Claus Beckenbachs Kastaniensommer erzählt die ergreifende Geschichte einer Frau, die nie aufgab und für das verbliebene Glück kämpfte mit allem, was sie geben konnte: Sommer für Sommer, Jahr für Jahr, Leben für Leben. Und die mächtige Rosskastanie neben dem alten Haus am gar nicht so stillen Fluss war ihr stummer Zeuge.

» Wir werden oft sehr traurig sein – diesen Satz sagt Hans Schnitzler in Bölls Roman „Der Engel schwieg" zu einer jungen Frau, die er in den Trümmern findet und die seine Gefährtin wird. Durch Bölls ganzes Werk zieht sich diese Traurigkeit, die sich manchmal zum heiligen Zorn steigert. Claus Beckenbach ist nicht Heinrich Böll, aber er schreibt in dessen Geist. Er schreibt über die Themen, die Böll bewegt haben, er schreibt über die Kriegs- und Nachkriegszeit, die nicht vergehen darf, weil sie eine Mahnung, eine Warnung, eine Lehre ist. Beckenbach schreibt über das große Schicksal und das kleine Glück. Er schreibt über das Menschsein in bitterster Zeit.«

Prof. Dr. jur. Heribert Prantl,
Chefredaktion Süddeutsche Zeitung

ISBN 978-3-86476-055-6
Softcover
284 Seiten
Preis: 14,80 €

SCHREIßHEIM 3
Ziemlich große Gauner

Mit einem Prolog:
Die Geschäftsmoral der Deutschen Bank

»Das Fressen kommt schon deswegen vor der Moral, weil jeder weiß, was Fressen ist. Fressen in all seinen Erscheinungsformen ist greifbar und fassbar. Fressen ist alles, was schmeckt, befriedigt oder sonst dem Körper gut tut. Bei juristischen Personen heißt das Fressen Gewinn. Gewinn ist ein Synonym für das Wohlbehagen der Aktien-, Handels und Bankgesellschaften. Im Gegensatz zur Moral steht der Gewinn auch in der Bilanz – an der wichtigsten Stelle. Die Moral aber sucht man als Bilanzierungsposten vergeblich.

Üblicherweise denkt man beim Wort Kapitaldelikte an Verbrechen gegen Leib und Leben. Man könnte auch an Straftaten denken, die mit Kapital angerichtet werden. Im Strafrechts-Paragraphen, der vom Mord handelt, ist von „Habgier", „niedrigen Beweggründen" und „gemeingefährlichen Mitteln" die Rede. Das sind Tatbestandsmerkmale, die einem auch bei denjenigen Kapitaldelikten einfallen könnten, die von Banken begangen werden. Man lese!«

Prof. Dr. jur. Heribert Prantl
Chefredaktion Süddeutsche Zeitung

Hinweis:

Jede Ähnlichkeit mit lebenden oder verstorbenen Personen und Situationen wären rein zufällig. Sollten Sie dennoch Ähnlichkeiten von Situationen im Vergleich feststellen, so ist das Ihre eigene Meinung und nicht mit den Autoren in Verbindung zu bringen.

Verlag und Autoren übernehmen keinerlei Gewähr für die Aktualität, Korrektheit, Vollständigkeit oder Qualität von übernommenen oder zugesandten Informationen und Briefen.

Die Gesamtbearbeitung erfolgte nach bestem Wissen und Gewissen sowie nach journalistischen Gesichtspunkten.

Für die freundliche Unterstützung
bei der Herausgabe dieses
Buches danken wir
Ahmet S. Pekkip sehr herzlich!

Danke

Natürlich waren Arnold Zilly und ich willens, dieses Buch zu schreiben. Dass es dann doch zu einer größeren Aktion geworden ist, wussten wir im Vofeld nicht; viele Imponderabilien taten sich auf, mit denen wir nicht gerechnet hatten. Alles, was mit Gott zu tun hat, ist ziemlich kompliziert. Und doch so einfach!

Unsere Verlegerin, Barbara Waldkirch, hat uns mit ihrem Wissen und ihrem Netzwerk immer unterstützt; sie war einfach immer da, manchmal auch nur, um tröstende Worte zu geben, nämlich dann, wenn es nicht so recht vorwärts ging.
Vielen herzlichen Dank, Barbara Waldkirch!

Verena Kessel, Medienfachwirtin, Grafikerin, Computertechnikerin des Verlags und immer geduldige Zuhörerin – auch wenn es mit Änderungen und grafischen Spielereien einmal ein Ende haben musste – sie behielt die Ruhe und hat ein Superbuch aus allem, was da war, gemacht.
Ganz arg Dank, liebe Super-Verena!

Karlfried Theilig, meinem Urfreund und Altmeister der Journaille (hat nichts mit Urknall zu tun) möchten wir sehr danken für seine exakte und teilweise mühevolle Arbeit des Korrekturlesens, der Richtigstellungen und auch der offenen Kritik. Manches musste er, um ehrlich zu sein, schon gerade rücken. Aber das macht er gerne, schon immer. Und wenn er Recht hat …
Herzlichen Dank, lieber Karlfried!

Unser herzlicher Dank gilt auch Professor Dr. Peter Leins, dem Evolutionsbiologen an der Heidelberger Universität. Er hat mit seinem großen und umfassenden Wissen die gestellten Fragen im Interview beantwortet. Wobei ein Spritzer Humor unschwer zu erkennen ist.
Danke, lieber Peter!

Die Autoren
Heidelberg, im November 2016

Die Autoren

Dr. med. Arnold Zilly

Praktiziert in Heidelberg als Internist und Alternativmediziner; hat in Karlsruhe und Heidelberg Medizin, Physik und Chemie studiert.

Claus Beckenbach

Lebt und arbeitet in Heidelberg, ist gelernter Zeitungsmann, Journalist und Buchautor. Längere Arbeitsaufenthalte in der Schweiz.